O INDIVÍDUO BURGUÊS e a CRISE DA ESCOLA

VALMIR PEREIRA

PACO EDITORIAL

Av. Carlos Salles Block, 658
Ed. Altos do Anhangabaú, 2º Andar,
Sala 21
Anhangabaú - Jundiaí-SP - 13208-100
11 4521-6315 | 2449-0740
contato@editorialpaco.com.br

Conselho Editorial

Profa. Dra. Andrea Domingues
Prof. Dr. Antonio Cesar Galhardi
Profa. Dra. Benedita Cássia Sant'anna
Prof. Dr. Carlos Bauer
Profa. Dra. Cristianne Famer Rocha
Prof. Dr. Fábio Régio Bento
Prof. Dr. José Ricardo Caetano Costa
Prof. Dr. Luiz Fernando Gomes
Profa. Dra. Milena Fernandes Oliveira
Prof. Dr. Ricardo André Ferreira Martins
Prof. Dr. Romualdo Dias
Profa. Dra. Thelma Lessa
Prof. Dr. Victor Hugo Veppo Burgardt

©2013 **Valmir Pereira**
Direitos desta edição adquiridos pela Paco Editorial. Nenhuma parte desta obra pode ser apropriada e estocada em sistema de banco de dados ou processo similar, em qualquer forma ou meio, seja eletrônico, de fotocópia, gravação, etc., sem a permissão da editora e/ou autor.

P4141 Pereira, Valmir.
O Indivíduo Burguês e a Crise da Escola/Valmir Pereira. Jundiaí, Paco Editorial: 2013.

128 p. Inclui bibliografia.

ISBN: 978-85-8148-430-3

1. Crise da Escola 2. Burguesia 3. Sociedade 4. Educação Brasileira I. Valmir Pereira

CDD: 370
Índices para catálogo sistemático:
Educação - Pedagogia   370
Ciências Sociais   300

IMPRESSO NO BRASIL
PRINTED IN BRAZIL
Foi feito Depósito Legal

Agradecimentos

A realização deste livro não seria possível sem a dedicação e colaboração de muitas pessoas. Manifesto aqui minha profunda gratidão a todos que, de uma forma ou de outra, estiveram ligados aos debates suscitados por este estudo.

À professora *Luci Muzzeti*, pela acolhida, incentivo e direcionamento na pesquisa. Sem isso, não estaríamos aqui hoje.

Ao professor *José Luis*, a quem busquei socorro quando tudo parecia perdido e enrolado. Sinto-me privilegiado por tê-lo como amigo e interlocutor nas nossas longas e frutíferas discussões nos caminhos da Ontologia do Ser social.

À Professora *Sueli Itman*, pela leitura atenta e pelas contribuições e enriquecimento ao texto.

Ao professor *Celso Ferreti*, pela primorosa aula sobre o processo de arguição, pelos desvios teóricos apontamentos e pela brilhante correção e direcionamento na finalização do texto.

A minha gratidão especial à professora *Mara Jacomeli*, pelas valiosas contribuições tanto no mestrado quanto no Doutorado. Sinto-me privilegiado também com sua dedicação, leitura e apontamentos na minha trajetória acadêmica.

Sou grato ainda aos professores e ao Programa de Pós-Graduação em Educação Escolar da FCLAR, pela formação proporcionada e pelas condições de realização dos meus estudos.

Por fim, agradeço à Sabrina Paladino Simas e à profa. Flavia Rossi pela correção do texto da tese que originou este livro.

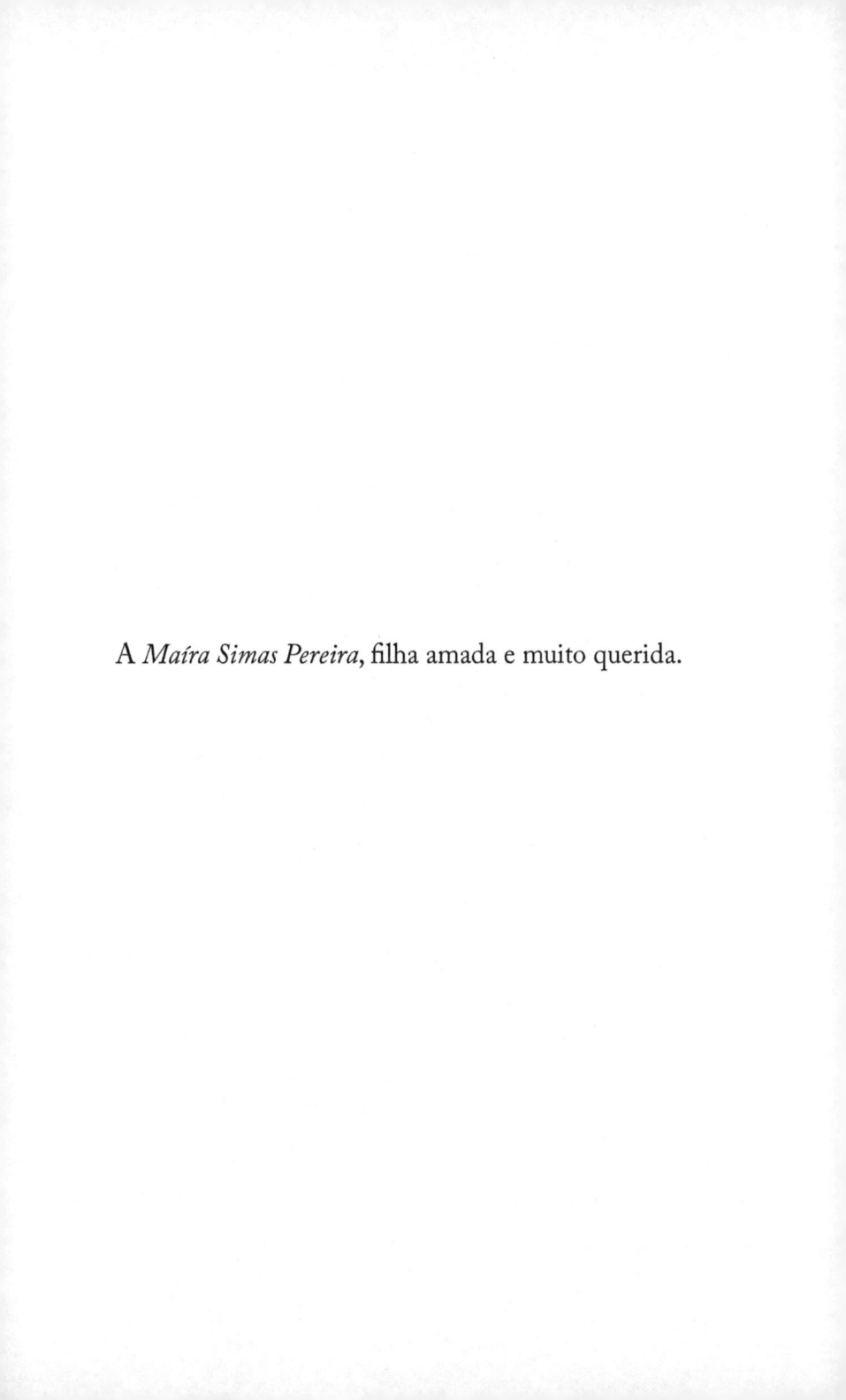

A *Maíra Simas Pereira*, filha amada e muito querida.

Com a apropriação das forças produtivas totais pelos indivíduos unidos, acaba a propriedade privada.

K. Marx e F. Engels

Sumário

Prefácio..11
Introdução...17

Capítulo 1

A Concepção Burguesa de Indivíduo e sua Crise.......19
1. Introdução...19
2. Liberdade e autonomia em Hobbes e Locke.............29
3. A concepção de indivíduo em Hobbes e Locke..........46
4. O indivíduo liberal-burguês e a sua crise...........51

Capítulo 2

Expressões da Crise do Indivíduo Burguês na Escola: a Crise da Escola...61
1. Introdução...61
2. Interpretações da crise da escola...................63

Capítulo 3

Para Além da Crise da Escola............................91
1. Introdução...91
2. O Indivíduo burguês e o Ser Social..................94
3. A Crise do Indivíduo Burguês e suas Repercussões na Escola..104

Considerações finais...................................119

Referências..121

Prefácio

A partir de meados dos anos 1980, o pensamento hegemônico na educação brasileira apresenta três preocupações: a formação continuada de professores, a formação de gestores e a formação de cidadãos, todos eles críticos e conscientes. Porém, o crítico deve limitar-se ao politicamente correto e o consciente implica a reprodução do próprio pensamento hegemônico, portanto, os parâmetros da crítica e da consciência são estabelecidos *a priori* pelos formuladores desse pensamento que podem estar tanto na administração dos sistemas de ensino quanto na Universidade, sobretudo na Pós-Graduação.

Por outro lado, a administração dos sistemas de ensino, em todos os seus âmbitos, é confiada, por via de regra, a economistas, engenheiros e empresários. Para eles, todos os problemas da escola são problemas de gerência. Não é por acaso que a palavra administração deixou de ser usada em favor da palavra gestão. Em outros termos, todos os problemas da escola são compreendidos e devem ser solucionados de forma pragmática, ou seja, por relações entre causa e efeito que podem ser, facilmente, expressas por meio de "manuais de conduta". Nesse sentido, o sucesso dos processos educativos depende da adesão dos professores e dos estudantes às condutas prescritas. Em suma, trata-se de um modelo de gestão que visa o controle absoluto dos estudantes, dos docentes e dos próprios gestores que atuam na escola, controle este exercido por meio de um aparato burocrático autoritário.

O aparato burocrático autoritário, imposto por uma administração central e centralizada, é justificado pela necessidade de debelar (debelar e não superar) a chamada crise da escola. Assim, em nome do enfrentamento dessa crise justifica-se toda e qualquer conduta autoritária por parte da administração central. Justifica-se também o gasto de quantias "generosas" de recursos financeiros públicos na contração de assessorias e consultorias que, supostamente, qualificam tanto professores quanto gestores para tal enfrentamento. Desse modo, cresce o mercado das soluções milagrosas, das metodologias infalíveis e de receitas de sucesso. Porém, o milagre não acontece, as metodologias falham e o sucesso não vem. Todavia, o serviço foi prestado e, em muitos casos, bem pago. Resta aos administradores centrais explicar a não ocorrência daquilo que foi prometido, e a explicação é simples: os gestores das escolas são incompetentes, os professores são mal formados, os estudantes são pobres e suas famílias não apresentam as condições mínimas para participarem do seu processo educativo. Ao contrário do que deveria ocorrer, o insucesso dessas iniciativas que visam "formar" professores e gestores justifica a sua continuidade. Isso indica que a administração central esforça-se para resolver os problemas da escola. Portanto, ela é a única que não pode ser responsabilizada, isentando-se, assim, os senhores economistas, engenheiros e empresários das suas responsabilidades, afinal, eles sempre são administradores, ou melhor, gestores, como gostam de ser chamados, competentes, seja qual for a natureza da atividade administrativa.

A requisição de "gestores competentes" dedicados a debelar a "crise da escola", não é uma exclusividade do Brasil. Eles também estão presentes em países como Portugal e Espanha. Em breve, eles, provavelmente, serão chamados a resolver a "crise de escola" nos EUA descrita em relatório publicado em março de 2013 pelo *Council on Foregin Relations*, que tem, como um de seus membros, a ex-secretária de Estado de George W. Bush, Condoleezza Rice, que também é empresária no ramo do petróleo e faz parte daquele conselho, porque é considerada especialista em pensamento estratégico.

O Indivíduo Burguês e a Crise da Escola

Como se pode verificar, a ideia da "crise da escola" se difunde pelo mundo ocidental e envolve instituições de renome, como por exemplo, a Organização das Nações Unidas para a Educação, a Ciência e a Cultura – Unesco, a Organização para a Cooperação e Desenvolvimento Econômico – OCDE e o Banco Mundial. Essas instituições financiam programas voltados à formação de professores, à formação de gestores e à promoção da cidadania. Portanto, as iniciativas dos administradores brasileiros não se devem à sua "criatividade". Elas decorrem das "sugestões" dessas agências.

A "crise da escola" é, portanto, o modo pelo qual o pensamento hegemônico, veiculado pelas agências internacionais e pelos administradores da educação, explica os problemas e as dificuldades que envolvem as práticas educativas escolares. Esse modo de explicar tais problemas e dificuldades é repassado aos gestores das escolas e aos professores como verdades incontestes.

Um dos critérios para atestar-se a relevância de um trabalho acadêmico é a sua capacidade de contrapor-se ao pensamento hegemônico vigente na área de estudo à qual ele está vinculado. Esse foi o esforço do professor Valmir Pereira no seu estudo sobre a "crise da escola". Afinal, conformar-se ao discurso das agências internacionais e dos administradores é fácil, porém, essa não foi a opção do autor desse estudo. Ao contrário, ele parte da perspectiva de que a aludida "crise da escola" não nasce nem se desenvolve no âmbito escolar. Ao invés disso, a escola apenas reproduz outra crise: a crise do indivíduo burguês.

A tese proposta pelo professor Valmir decorre, de certo modo, da sua dissertação de mestrado na qual ele investigou a concepção de indivíduo nos Parâmetros Curriculares Nacionais – PCN. Essa dissertação permitiu a proposição e a delimitação do objeto de estudo da tese que, depois de defendida, resultou neste livro.

No livro o autor usou a metodologia de investigação proposta pelo marxista francês Henri Lefebvre (1901 – 1991), que consiste na retrospecção e na prospecção de conceitos, discutindo o indivíduo burguês que é a sua categoria de análise principal. Para desenvolver esse processo, o professor Valmir apresentou, nos três capítulos do livro, o desenvolvimento histórico do indivíduo burguês, a sua crise e as repercussões dessa crise na escola regular indicando ainda perspectivas de superação desse modo de organizar e desenvolver as práticas educativas escolares.

Com esse desenvolvimento o autor mostra que a "crise da escola" é uma falsa questão, uma vez que, quem está em crise é o indivíduo burguês. Assim, se a "crise da escola" é falsa, todos os elementos a ela vinculados, como a formação continuada de professores, a gestão e a formação do cidadão, também o são. Porém, o cunho falso dessas questões jamais será admitido pelos pensadores burgueses e seus prepostos. Do mesmo modo, a crise do indivíduo burguês, também será sempre negada por esses pensadores, visto que admiti-la implicaria preconizar a superação da dominação burguesa sobre o proletariado que são todos os assalariados. Portanto, para esconder essa crise e as suas conseqüências, esses intelectuais apresentam outras crises, como por exemplo, as sucessivas crises econômicas, a crise da formação da mão de obra, a crise da urbanização, a crise da segurança pública e a crise da escola. É preciso admitir que eles alcançam o sucesso desejado quando se trata de esconder a crise do indivíduo burguês, mas não podem esconder os seus efeitos nefastos no âmbito da sociedade ocidental. É por isso que István Mészáros, marxista Húngaro e professor emérito da Universidade de Sussex, afirmou, em conferência proferida na Universidade de São Paulo – USP: "chegaremos à barbárie se tivermos sorte".

A leitura deste livro, além de permitir a compreensão da crise do indivíduo burguês que, no âmbito da educação, é dissimulada pela "crise da escola", suscita outras questões, como por exemplo, o caráter autoritário da administração dos sistemas de educação no Brasil ou o cunho tecnocrático da formação dos gestores escolares, que devem ser investigadas e debatidas na Universidade. Porém, a contribuição mais importante desse livro é a de que, ao denunciar a crise do indivíduo burguês, ele se torna mais uma trincheira contra a barbárie.

José Luís Vieira de Almeida

Introdução

O presente estudo originou-se de nossas inquietações durante a pesquisa e elaboração da dissertação de mestrado intitulada *A concepção de indivíduo nos Parâmetros Curriculares Nacionais do Ensino Médio – Pcnem*. Nesse trabalho (Pereira, 2007), procuramos destacar as implicações da concepção burguesa de indivíduo presentes nos Pcnem. O caminho percorrido por aquela pesquisa teve como ponto central, o conceito de trabalho, que nos Pcnem está articulado com o de cidadania e com o de conhecimento. O trabalho foi discutido a partir da sua organização no modo de produção capitalista, o que nos permitiu analisar a concepção burguesa de indivíduo, que é aquela que aparece nos Pcnem.

Aquele estudo, apesar de estar restrito ao exame da concepção de indivíduo nos Pcnem, indicou a necessidade de superá-la por outra, fundada na ontologia do Ser social. Por isso, este estudo apresenta os resultados de nossa pesquisa de doutorado, procurando aprofundar as questões que foram suscitadas no mestrado, porém, o objeto pesquisado não nos permitiu avançar naquela direção.

Para não nos distanciarmos dos resultados alcançados na dissertação de mestrado e também não abandonarmos o estudo da crise da escola, recorremos à categoria indivíduo, vista na perspectiva burguesa, para estudar a crise da escola.

Não trataremos aqui de uma **crise** concebida como o colapso dos princípios de funcionamento da sociedade **capitalista**, sejam eles oriundos do processo de acumulação ou da diminuição da taxa de lucro. Do mesmo modo, não abordaremos crises envolvendo o esgotamento das relações econômicas e políticas de reprodução e dos ciclos econômicos. Também não trataremos de uma crise de paradigma diante do anúncio do inevitável fim de um período histórico e o surgimento de outra época. Ao discutirmos a **crise da concepção burguesa de indivíduo** e, portanto do indivíduo concreto, utilizaremos a conotação de crise a partir de sua origem grega. *Krisis*[1] que tem, entre outros, o sentido dos atos ou faculdades de **distinguir**, de **escolher**, de **separar**, de **decidir**. Ao considerarmos a origem do termo, podemos afirmar que a concepção burguesa de indivíduo, e, portanto, ele próprio, já nasce em crise, pois tal concepção **separa** os que são e os que não são proprietários, e como decorrência dessa separação, desvincula o pensar do fazer e o trabalho manual do intelectual.

Em face de tal entendimento, a questão que pretendemos responder neste estudo é a seguinte: a atual crise da escola decorre da crise do indivíduo burguês?

Diante desse quadro, o presente estudo pretende contribuir para o desenvolvimento de subsídios teóricos que aprofundem as discussões sobre a crise da escola e as suas relações com a concepção burguesa de indivíduo, sem esquecermos que esses dois termos se expressam no indivíduo concreto. Ressaltamos ainda que a crise decorrente dos problemas internos da escola não está compreendida no universo dessa investigação.

---

1. Conforme Machado, *Dicionário Etimológico da Língua Portuguesa*.

Capítulo 1

A Concepção Burguesa de Indivíduo e sua Crise

1. Introdução

Neste capítulo, discutiremos a concepção burguesa de indivíduo a partir dos conceitos de liberdade e de autonomia, tomando por base o pensamento de autores clássicos como Hobbes (1988) e Locke (2001). Segundo Bobbio (2000, p.130-131), clássico é um escritor que,

> [...] seja considerado intérprete autêntico e único de seu próprio tempo, cuja obra seja utilizada como um instrumento indispensável para compreendê-lo [...] seja sempre atual de modo que cada época, ou mesmo cada geração, sinta necessidade de relê-lo e, relendo-o de interpretá-lo [...] tenha construído teorias-modelo das quais nos servimos continuamente para compreender a realidade.

A opção por esses autores, Hobbes e Locke, deve-se ao fato de ambos pertencerem à mesma corrente de pensamento, o Liberalismo. Embora vivendo em contextos diferentes, tanto o primeiro quanto o segundo elaboraram sua teoria tendo por base o contrato social, segundo o qual o indivíduo abdica de sua própria liberdade dando plenos poderes ao Estado a fim de proteger sua própria vida e sua propriedade.

Antes de analisarmos as contribuições desses autores na formulação da concepção burguesa de indivíduo, faremos uma abordagem do período que antecede a constituição da burguesia e do liberalismo para que possamos contextualizar esses autores e suas concepções. O período medieval e o sistema feudal, resultantes do fim do Império Romano, foram fortemente influenciados pelo pensamento cristão. Naquele contexto, liberdade era poder escolher Deus como caminho seguro e por isso, colocar-se contra o pensamento da Igreja era correr o risco de ser excomungado. Nesse período, Deus é a verdade. Para Agostinho (1990, p.121), a nossa liberdade consiste em "estarmos submetidos a essa verdade".

A dinâmica social era explicada pela vontade divina e embora os servos fossem explorados, a Igreja proclamava que eles e seus senhores eram iguais perante Deus, fornecendo, assim, as bases de sustentação do *status quo*. A divisão em estamentos impossibilitava qualquer ascensão ou mobilidade social, resultando em uma sociedade fortemente hierarquizada. O destino de cada um estava determinado por Deus, pois a essência é eterna, segundo o pensamento dominante. Os três estamentos básicos eram o clero, a nobreza e os trabalhadores. O clero dividia-se em secular e regular. No clero secular distinguia-se o alto clero (bispos) e o baixo clero (párocos e líderes paroquiais). O clero regular era formado pelos monges. Os nobres eram os senhores de terra e entre eles havia os grandes senhores, senhores menores e os cavaleiros. Entre os trabalhadores destacavam-se os servos e os vilões. Os vilões descendentes dos antigos colonos romanos ofereciam-se para trabalhar para alguém que tivesse terra e firmavam com o senhor um contrato, dando-lhe parte da produção, ao contrário do servo que não firmava contrato, nem era livre. Os servos eram descendentes dos antigos escravos, estavam presos a terra e não podiam abandonar o serviço ao senhor feudal, exceto por meio da excomunhão.

Por volta do século XI, a relativa calma vivida na Europa, o crescimento da população e as mudanças nas técnicas agrícolas – uso da charrua, sistema de três campos, peitoral, moinhos de vento – resultaram no aumento da produção, gerando o excedente que proporcionou o renascimento do comércio e das cidades. Ao longo das rotas comerciais, no local onde duas estradas se encontravam ou na embocadura de um rio, surgiam cidades, nas quais se realizavam as feiras e que posteriormente tornaram-se importantes centros comerciais da Alemanha, Itália, França e Países Baixos. Inicialmente dependentes dos senhores feudais, os burgos (cidades) foram aos poucos conseguindo sua autonomia. Isso ocorria por meio da Carta de Franquia, um contrato estabelecido entre os senhores feudais e os habitantes das cidades, a partir do qual ele deixa de exercer poder absoluto sobre os bens existentes no burgo.

Dedicando-se a outras atividades que não as agrícolas, os habitantes das cidades passaram a depender dos produtos fornecidos pelos servos e a manterem com eles relações de comércio que levaram ao uso crescente da moeda. Paralelamente, as relações tipicamente feudais foram se modificando. Com a circulação de moedas, os senhores feudais começaram a exigir que as taxas devidas pelos camponeses fossem pagas em dinheiro e não mais em trabalho e produtos. Por outro lado, o senhor feudal também desejoso de consumir os produtos que os comerciantes traziam, especialmente do Oriente, passou a cobrar mais impostos de seus servos. O aumento dos impostos e a exigência de um pagamento mais elevado por seu trabalho tiveram como consequência o crescimento das revoltas camponesas. Algumas dessas revoltas como, por exemplo, o movimento Jacquerie (1358), na França, resultaram num alto grau de violência, que apavorou a nobreza. A pressão de muitos senhores que forçavam a permanência dos servos no campo exigindo mais serviço em troca de pouco pagamento, fez com que muitos fugissem para as cidades, que aos poucos se tornaram sinônimo de liberdade. Dessa forma, "o ar da cidade torna o homem livre" (Hubberman, 1986, p. 28).

Essas mudanças ocorridas na economia e na sociedade trouxeram transformações nas formas de pensar que podem ser verificadas principalmente na Reforma Religiosa e no Renascimento. Os camponeses que, em busca de liberdade e de terra, queimavam castelos e matavam seus senhores, viam no pensamento dos primeiros reformadores religiosos a inspiração para suas lutas e conquistas. No século XVI, destacam-se os anabatistas, um grupo liderado por Thomas Münzer (1489–1525) que só aceitava o batismo de adultos e pregava, com base nos Atos dos Apóstolos, a divisão das terras feudais entre os camponeses. Para ele, a insurreição contra os ricos e poderosos é um direito legítimo e sagrado. Essas ideias ganham força e, em 1525, os camponeses levantam-se não só contra a hierarquia da Igreja, mas também pelo fim da opressão. Lutero (1483–1546) condenou com veemência essas lutas e essas ideias e exortou os nobres alemães a se defenderem e reprimirem os camponeses ao afirmar que "aqueles que têm condições devem abater, matar e apunhalar [...], lembrando-se de que não há nada mais venenoso, pernicioso e diabólico do que um sedicioso" (História do Pensamento, 1987, p.246), pois sua reforma não era social, era apenas religiosa. A Reforma Luterana acabou por transformar as novas Igrejas em instituições organizadas e aliadas dos poderosos alemães, como a Igreja Católica, que os reformadores combatiam. Apesar de sua natureza fundamentalmente religiosa, a reforma de Lutero encontrou na Alemanha um ambiente propício para as suas ideias. Estados e cidades buscaram sua soberania e procuraram libertar-se da influência e dos impostos cobrados pelo papado. A pequena nobreza se opôs aos grandes proprietários, em sua maioria ligados à Igreja Católica e os servos ainda estavam submetidos aos laços feudais de servidão. A burguesia, por seu lado, também se sentiu prejudicada pelas normas da Igreja que impuseram o justo preço, condenaram a usura, enfim, dificultaram o desenvolvimento do comércio. Dessa forma, as ideias dos reformadores que defendiam uma relação mais individualista com Deus, estimulavam o espírito de iniciativa à procura do lucro e da disciplina no trabalho. Acabaram por encontrar eco nos diversos segmentos sociais, principalmente na burguesia. Assim, pode-se afirmar que:

> A burguesia do século XVI apoderou-se, de algum modo, da mensagem dos reformadores, inscrevendo-a numa prática que muito provavelmente eles teriam denunciado, mas onde pelo menos a liberdade podia exprimir-se concretamente: a conquista do mundo material pela iniciativa individual, que o submete ao domínio do dinheiro. (Burdeau, 1979, p.24)

As mudanças ocorridas na Europa no final da Idade Média com o desenvolvimento do comércio e a ascensão da burguesia tiveram também repercussões na cultura, nas artes e nas ciências, no movimento conhecido como Renascimento Cultural e Científico. Esse movimento expressou as novas ideias que tiveram como ponto fundamental a valorização do homem e outra interpretação do mundo. Nesse contexto, os renascentistas eram antropocêntricos, mas não ateus. Como cristãos, acreditavam que se o homem foi feito à imagem e semelhança de Deus, tinham alguma coisa de divino. Por isso, concordavam com a ideia de serem semelhantes ao **criador**. Assim, o homem era visto como aquele que descobre verdades por conta própria abrindo cadáveres e vendo os ossos, os órgãos internos, as veias e os músculos e identificando os erros nos livros tradicionais, como o manual de anatomia do grego Galeno[2].

O renascentista era visto como alguém capaz de criar coisas novas como prédios, máquinas, obras de arte, navios, de sair em busca novos continentes, colônias, cheio de vontade e impulsionador do progresso.

O crescimento do individualismo pode ser verificado, por exemplo, na passagem do mundo medieval para o moderno. Na arquitetura medieval, a vida dentro da casa era em comunidade e havia falta de intimidade, já que todos os seus habitantes comiam, dormiam e passavam o tempo livre no mesmo cômodo. Nessa forma de organização, mesmo entre os mais ricos, usavam-se poucas peças como mobília. Fazia parte uma mesa, bancos baixos e um baú, com múltiplas funções, podendo

---

2. **Galeno de Pérgamo** foi médico e filósofo romano de origem grega, e provavelmente o mais talentoso médico investigativo do período romano. Suas teorias dominaram e influenciaram a ciência médica ocidental por mais de um milênio. Seus relatos de anatomia médica eram baseados em macacos, pois a dissecação humana não era permitida no seu tempo. Ela foi superada pela descrição impressa e ilustrada por Andreas Vesalius, em 1543, que publicou sobre as dissecações humanas. A descrição feita por Galeno das atividades do coração, artérias e veias durou até que William Harvey estabeleceu que o sangue circula com o coração agindo como uma bomba, em 1628.

ser assento e armário nos quais se guardavam as roupas ou as louças. As pessoas abastadas dormiam em camas de madeira resistente e a maior parte dos colchões era de palha. Na maioria das casas, os quartos eram coletivos, inclusive as camas.

Com o crescimento do comércio e a acumulação de riquezas por parte da burguesia nascente, a arquitetura foi aos poucos se modificando e o espaço que era coletivo foi se individualizando. Assim, a casa ganhou novos cômodos, como o gabinete, os quartos foram separados, o baú deu lugar ao armário, as pessoas passaram a desenvolver o gosto pela solidão, os diários íntimos ganharam força, os pintores renascentistas passaram a assinar suas obras, deixando, assim, a marca individual, os autorretratos transformaram-se em gênero, principalmente nas obras de Rembrandt (1606-1699). A esse respeito, Chartier (2009, p.214) afirmou que "Rembrandt ultrapassará essa etapa exibicionista para concentrar-se no rosto e no olhar, como se expressasse todo o seu eu".

Diferente daquele homem que viveu no período em que a Igreja ocupou e determinou (século III ao XIII) o que podia ou não ser feito e até mesmo pensado, o renascentista buscou novas formas de compreender o mundo com a fundação de universidades, o que permitiu o surgimento dos primeiros pensadores fora do clero. Nessa mesma direção, a invenção da imprensa estimulou o surgimento de filósofos, escritores e pesquisadores da natureza sem vínculo com a Igreja.

Esse clima favorável ao desenvolvimento do pensamento permitiu aos renascentistas formular um novo critério para reconhecer a verdade sobre as coisas do mundo. Enquanto a visão de mundo medieval respeitava a tradição e a autoridade dos antigos, os renascentistas a obtinham empiricamente, ou seja, como fruto da experimentação e da observação racional.

Desse modo, a liberdade tornou-se uma bandeira de luta, principalmente da burguesia nascente, que no decorrer das revoluções do século XVIII foi se consolidando como classe hegemônica. Nesse processo revolucionário, o poder da monarquia inglesa foi limitado e submetido à soberania popular, além da criação do *Hábeas Corpus*, que anulava as prisões arbitrárias. Porém, esses direitos estavam restritos às pessoas nascidas na Inglaterra. Na França, os direitos com base nos princípios da liberdade e da igualdade foram declarados universais, ou seja, válidos para todos os membros da espécie humana. É nesse sentido que Burdeau (1979, p.26) afirma que, para a burguesia, "a liberdade é a confiança em si mesmo. É esta confiança que reúne numa mesma crença os indivíduos que vão constituir doravante a classe burguesa".

A burguesia, que agora se sentia livre, tratou de pôr freios nas pretensões de liberdade dos outros, principalmente por meio da legislação, proibindo as ações populares prejudiciais à sociedade burguesa, assegurando assim a ordem social. A liberdade passou, então, a ser guiada pela moral, que aqui está fundamentada não em valores religiosos, e sim naqueles centrados na autonomia humana e que no iluminismo eles se voltam para a compreensão do que é a natureza humana, tendo em Kant (1724-1804) sua melhor formulação[3]. Assim,

---

3. A noção kantiana de dever confunde-se com a própria noção de liberdade, porque, em seu pensamento, o indivíduo que obedece a uma norma moral atende à liberdade da razão, isto é, aquilo que a razão, no uso de sua liberdade, determinou como correto. Dessa forma, a sujeição à norma moral é o reconhecimento de sua legalidade, conferida pelos próprios indivíduos racionais. As informações a respeito dessa moral encontram-se em: Kant, *Fundamentação da Metafísica dos Costumes e outros escritos*.

para ele, o homem "age apenas segundo uma máxima tal que possa ao mesmo tempo querer que ela se torne lei universal" (Kant, 2003, p.59). Por isso, um homem justo e dotado da razão jamais prejudicaria a sociedade ou atentaria contra a liberdade dos outros. Desse modo, criou-se uma oposição entre a liberdade e a ordem. A liberdade passou a ser, então, privilégio da burguesia e, compreendida dessa maneira, tornou-se o conceito mais importante para o desenvolvimento do liberalismo, pois expressa o conjunto das ideias éticas, políticas e econômicas da burguesia, opondo-se à visão de mundo da nobreza feudal. Assim, para Burdeau (1979, p.39),

> a noção de liberdade, de onde deriva o liberalismo, (...) corresponde a uma concepção de homem radicalmente única. É o indivíduo que é simultaneamente a fonte dos seus direitos e a finalidade de todas as instituições políticas e sociais.

Essa ideia de indivíduo surgiu nas formulações de Hobbes (1588–1679) e de Locke (1632–1704) para situações distintas e em contextos históricos diferentes. Optamos por esses autores contratualistas porque tanto a liberdade quanto a autonomia do indivíduo serão limitadas pelo contrato social.

Hobbes viveu num período em que a Inglaterra consolidou-se como potência econômica, com os reis absolutistas Jaime I e Carlos I distribuindo privilégios e monopólios para a burguesia. O período em que Hobbes escreveu suas obras coincidia com as lutas entre a monarquia e o parlamento na Inglaterra. Colocou-se como defensor do rei Carlos I, que foi decapitado por não respeitar o parlamento durante a Revolução Puritana (1642-1649). Como a força do parlamento crescia e Hobbes mantinha-se favorável à monarquia, foi obrigado a refugiar-se em Paris, por temer ameaças dos antirrealistas. Ao voltar definitivamente à Inglaterra, o país já era uma República governada por Cromwell. Quando a dinastia dos Stuart foi restaurada, Hobbes contava seus 72 anos, e encontrava-se distante dos problemas políticos imediatos. Faleceu em 1679, dez anos antes dos liberais derrotarem o absolutismo inglês.

As forças liberais encontraram em John Locke um ardoroso defensor. Esse autor inglês pertenceu a uma família de burgueses comerciantes. Aluno em Oxford, recebeu influência do pensamento de John Owen (1616-16830) que enfatizava a importância da tolerância religiosa e René Descartes (1596–1650), rompendo assim, com a escolástica. A escolástica foi a única filosofia tolerada na Europa Ocidental, durante a Idade Média, tornando-se o pensamento oficial da Igreja Católica. Tinha como base, principalmente, a adaptação da obra de Aristóteles (384-322 a.C.) feita por Tomás de Aquino (1226-1274). A tarefa principal dessa filosofia era compreender as verdades do cristianismo, bem como encontrar provas racionais da existência de Deus.

Os interesses de Locke como estudante, foram, desde a química e a meteorologia até a teologia, optando finalmente pela medicina como profissão. Por essa profissão chegou aos círculos políticos ingleses, sendo também assessor do conde de Shaftesbury. O conde representava na política inglesa os interesses do parlamento e se opunha ao soberano Carlos II, que tentava fortalecer o absolutismo. Em 1675, o conde foi destituído de seus cargos e Locke viu-se obrigado a abandonar as atividades políticas, viajando para a França, onde permaneceu por três anos. Em 1679, retornou à Inglaterra que se encontrava em grande agitação. O conde, em 1678, voltou a fazer parte do governo e requisitou novamente o serviço de Locke. No entanto, suas relações com o governo de Carlos II não durariam muito tempo. Em 1681, o conde foi preso acusado de chefiar uma rebelião e refugiou-se na Holanda. Perseguido pelos partidários do Rei, Locke fez o mesmo. Apesar de algumas publicações na Holanda, as suas principais obras só seriam publicadas entre 1689 e 1690, ao voltar à Inglaterra, com a ascensão de Guilherme de Orange e a vitória do Parlamento na Revolução Gloriosa. Durante toda a vida, Locke participou da luta pela entrega do poder à burguesia, classe a qual pertencia. Isso significava lutar contra a ideia do poder absoluto do rei, defendida por Thomas Hobbes.

Os últimos anos de sua vida foram relativamente calmos e, em 1696, assumiu o cargo de Comissário da Câmara de Comércio, ao qual renunciou quatro anos depois devido a problemas de saúde. Dedicou-se então à meditação e contemplação, vindo a falecer em 1704.

2. Liberdade e autonomia em Hobbes e Locke

Neste tópico serão analisados os conceitos de liberdade e autonomia em Hobbes e Locke, suas semelhanças, suas diferenças e suas influências na concepção burguesa de indivíduo.

Em Hobbes, o conceito de liberdade está relacionado à movimentação do homem natural e à instituição do Estado Civil. Ele entende por liberdade

[...], a ausência de impedimentos externos, impedimentos que muitas vezes tiram parte do poder que cada um tem de fazer o que quer, mas não podem obstar a que use o poder que lhes resta, conforme o que seu julgamento e razão lhe ditarem. (Hobbes, 1988, p. 78)

Para este autor inglês, quando o impedimento é interno não se pode dizer que não há liberdade. Diz-se apenas que não há poder para fazer o que se quer. Porém, quando o impedimento é externo diz-se que falta a liberdade ao indivíduo. Assim, um indivíduo é livre quando não é impedido externamente de agir conforme sua vontade e natureza. Para enfatizar essa compreensão, Hobbes (1988, p. 129) explica que "[...] também as águas, quando são contidas por diques ou canais, e se assim não fosse se espalhariam por um espaço maior, costumamos dizer que não tem liberdade de se mover da maneira que fariam se não fossem esses impedimentos externos". Desse ponto de vista a liberdade é natural e assim não pode ser impedida. Porém, o homem em sociedade tem necessidades e, ao fazer uso da sua liberdade para atendê-las, será acusado de colocar limites na liberdade de outros indivíduos, entrando em estado de guerra. Este ato "é uma guerra de todos contra todos" (Hobbes, 1988, p. 77).

Para fugir dessa guerra e preservar a vida, Hobbes (1988, p.130-86-109) propõe a criação do Estado afirmando que

> os homens, tendo em vista conseguir a paz e através disso a sua própria conservação, criaram um homem artificial, ao qual chamamos Estado [...] Onde não há Estado, não há propriedade, pois todos os homens tem direito a todas as coisas [...] o fim dessa instituição é a paz e a defesa de todos.

Dessa forma, os homens fundam o Estado para que ele faça a distribuição dos bens materiais, ou seja, da propriedade. Em outros termos, o Estado Hobbesiano é o regulador e distribuidor da propriedade privada, conforme demonstrado pelo autor no Leviatã ao afirmar que "a distribuição dos materiais [...] é a constituição *do meu, do teu e do seu*. Isto é, numa palavra, da propriedade. E em todas as espécies de Estado é da competência do poder soberano" (Hobbes, 1988, p.150, grifos do autor). No pensamento Hobbesiano, no estado de natureza não existem proprietários, pois todos são livres, autônomos e iguais porque podem fazer coisas iguais. Eles fundam o Estado para fugirem do medo e da morte, cabendo a este, a responsabilidade pela distribuição das propriedades na forma da lei, estabelecida por meio do contrato social entre o soberano e os súditos, começando aí as injustiças. Assim,

> a natureza da injustiça consiste no cumprimento dos pactos válidos, mas a validade dos pactos só começa com a instituição de um poder civil suficiente para obrigar os homens a cumpri-los, e é também só aí que começa a haver propriedade. (Hobbes, 1988, p.86)

Além de defender a liberdade em condição natural, Hobbes justifica que a instituição do contrato em prol do Estado representa outra forma de liberdade humana, a civil, na qual os indivíduos renunciam e transferem reciprocamente, por um ato de sua vontade, seu direito e liberdade originais a todas as coisas, permitindo que o Soberano, a quem é transferido o direito, coloque barreiras externas à igual movimentação de todos. É nesse sentido que ele afirma que "a lei não foi trazida ao mundo para nada mais senão para limitar a liberdade natural dos indivíduos" (Hobbes, 1988, p.163). Do ponto de vista teórico, isso significa que originalmente o indivíduo é livre e cria outro quadro de liberdade por sua própria vontade, para que a vida em comum seja possível.

Na esfera social, cada pessoa encontra sua liberdade no reconhecimento de sua própria movimentação e na relação que pode estabelecer entre a vontade e o poder original de alterar essa movimentação externamente. Assim, o fio condutor para a compreensão do problema da liberdade em Hobbes está na vontade. As formulações apresentadas, sobretudo, no *Leviatã* (1988) justificam que o fundamento da obrigação jurídica é o pacto social, isto é, o mecanismo da autorização derivado da vontade de cada indivíduo. No estado civil, a relação da necessidade interna de realizar uma ação e a proibição dessa ação pela lei não retira a liberdade do indivíduo, assim como não torna a lei injusta, pois esta foi anteriormente autorizada, sendo fruto da vontade e, portanto, da liberdade de cada um, como se todos fossem de fato iguais. Ao abrir mão de sua liberdade, o indivíduo espera alguma compensação para si mesmo, pois "o objetivo de todos os atos voluntários dos homens, é algum bem para si mesmos" (Hobbes, 1988, p.80). Porém, ao transferir por consentimento o seu poder ao soberano, cada indivíduo torna-se autor de tudo que o soberano fizer. Assim, aquele que se queixar de uma injúria feita por seu soberano estará se queixando daquilo de que ele próprio é autor, portanto, não deve acusar ninguém a não ser a si mesmo. Mas ele poderá acusar a si mesmo de injúria? Evidente que não, pois causar injúria a si mesmo é impossível. É certo que os detentores do poder soberano podem cometer iniquidades, mas não podem cometer injustiças nem injúrias em sentido próprio (Hobbes, 1988).

Parece contraditório que um indivíduo que organize a sua vida procurando atender suas vontades e necessidades internas, seja, ao mesmo tempo, livre e limitado nas suas ações externas. É precisamente nesse sentido que Hobbes quer caracterizar sua noção de liberdade e apresentar uma justificativa aceitável para o poder absoluto, que, pela renúncia e transferência livre do direito de cada um, funda o Estado por meio de um contrato. No estado de natureza, os indivíduos não estão submetidos a nenhum impedimento externo e encontram-se na mais completa liberdade. No entanto, na sociedade civil, a liberdade é mantida na forma das leis externas, que, apesar de representarem impedimentos e limites à movimentação, não rompem com a liberdade dos indivíduos. Assim, as normas externas impostas pelo Estado são compatíveis com a liberdade porque anteriormente, essas normas, ou seja, as leis foram consentidas pela vontade de cada indivíduo.

Procurando compreender a interpretação de Hobbes sobre a liberdade, podemos afirmar que no estado natural os homens usufruem de liberdade por não encontrarem nenhum impedimento externo à manifestação de suas ações, movimentos e vontades. Nessa condição, não há nenhuma lei externa de caráter punitivo que os proíba de exercitarem a cólera, o ódio, a inveja, a desconfiança, a competição e o desejo de sucesso. Há apenas o comando das leis naturais, que apontam para a preservação e para a paz e, ao mesmo tempo, subscrevem a guerra.

Essa aparente organização social por meio do consentimento parece perfeita, do ponto de vista do *Leviatã*. Porém, as investidas para justificar os limites à liberdade na sociedade civil aparecem de forma mais clara quando o próprio Hobbes (1988, p.174), fazendo uma distinção entre as expressões lei civil e direito civil, argumenta que:

[...] direito é liberdade, nomeadamente a liberdade que a lei civil nos permite, e a lei civil é uma obrigação que nos priva da liberdade que a lei de natureza nos deu. A natureza deu a cada homem o direito de se proteger com sua própria força, e o de invadir um vizinho suspeito a título preventivo, e a lei civil tira essa liberdade, em todos os casos em que a proteção da lei pode ser imposta de modo seguro.

Pelo exposto até aqui, podemos dizer que em Hobbes, a liberdade para o indivíduo só existe no estado de natureza, ao passo que no mundo real e concreto, ela é limitada pelas leis do Estado civil.

A abordagem da concepção hobbesiana de liberdade permite considerar que o pacto de consentimento ocorre entre os indivíduos da sociedade, que após essa constituição, encontram-se subordinados a ele, de forma que estão desautorizadas as rebeliões com vistas à constituição de outro pacto dentro de um poder anteriormente instituído. Portanto, o indivíduo que se encontrar sob o governo de um soberano não dispõe do direito de renunciar a este governo e retornar ao estado pré-contratual, pois a condição de convivência civil impõe o reconhecimento da responsabilidade de terem pactuado sob determinadas regras e constituição de seu soberano. Isso se dá a partir da premissa de que o poder do soberano se unifica na defesa do bem maior de um povo, e não na preservação de particularidades, visto que o contrato é produto não da concordância entre o soberano e um indivíduo, e sim, entre os indivíduos e posteriormente outorgado ao soberano, de forma que, se alguém se sentir injustiçado sob algum aspecto não pode atribuir a responsabilidade ao seu soberano, justificando, por isso, sua desobediência, pois ele passa a infringir o pacto acordado também por ele. No caso de rompimento pactual, os indivíduos reassumem a condição de guerra incondicional de defesa de seus interesses, que é na verdade condição anterior que será deliberadamente abandonada, em nome de uma convivência pacifica e ordenada segundo as regras do Estado. Assim, os homens são livres no interior do Estado, isto é, são livres para decidir obedecer ou não as leis e igualmente livres para agir conforme sua vontade. A liberdade assim compreendida só pode ser exercida dentro dos limites estabelecidos pelo Estado, segundo o que é decidido pelo soberano, representante de todos os indivíduos. Portanto, o indivíduo livre não pode fazer nada fora do que é prescrito pelo Estado. É nesse sentido que Hobbes (1988, p. 174) afirma que

> Uma lei pode ser obrigatória para todos os súditos de um Estado, mas uma liberdade ou carta destina--se apenas a uma pessoa, ou apenas a uma parte do povo. Porque dizer que todo povo de um Estado tem liberdade em determinado caso é o mesmo que dizer que, para tal caso, não foi feita lei alguma, ou então que, se o foi, está já revogada.

Dessa forma, uma sociedade organizada na perspectiva hobbesiana mantém tudo e todos controlados e aqueles que agem fora do preceito legal são passíveis de punição, pois rompem o contrato entre o soberano e o indivíduo. Num Estado assim constituído, mesmo que sob a alegação da sobrevivência humana, o indivíduo não está representado pois, desse modo, sua vontade pertence ao soberano.

A vontade é uma característica do indivíduo, que pelo seu caráter singular, não pode ser representada, tendo em vista que ela não se repete e não pode ser transferida. Assim, a vontade de um indivíduo só pode ser exercida por ele. No entanto, se a vontade do indivíduo estiver fora dos preceitos legais, não poderá ser requerida por ele.

A vontade, em Hobbes, é necessária, mas desprovida de liberdade no âmbito da ação, pois o ato pode ser considerado livre somente na medida em que corresponde ao querer. Portanto, a vontade não pode ser livre.

Posto isto, vale ressaltar que esse Estado hobbesiano não leva os indivíduos apenas a renunciarem a parte de sua liberdade, ele tira o que os faz de fato livres, a sua autonomia.

Como já foi dito, é importante para este estudo compreendermos como Hobbes trata a autonomia. No entanto, esse conceito não aparece de forma muito clara e objetiva em sua obra. Isso leva pesquisadores como Silva (2009, p.82) a afirmarem que este conceito não aparece na obra do autor em questão. Ao relacionar a filosofia de Hobbes com a de Kant, sobre o homem e a humanidade em geral, afirmou que

> num primeiro momento, o que nos parece estar por trás desse posicionamento diametralmente oposto entre Hobbes e Kant é a noção de autonomia individual que não está presente no autor inglês e é uma das principais características de Kant.

Mas a concepção está lá. Em D*o Cidadão* (2004), há uma passagem esclarecedora sobre o que se pode estabelecer como a concepção de autonomia hobbesiana:

É também evidente que a totalidade das ações voluntárias tem sua origem na vontade, e necessariamente dependem dela; assim como a vontade de fazer ou não fazer qualquer coisa depende de nossa opinião sobre o bem ou o mal, a recompensa ou o castigo que receberemos por tal ato ou omissão. Desta forma, **todas as ações dos homens são governadas pelas opiniões de cada um deles.** (Hobbes, 2004, p. 95, grifo nosso)

Embora ele afirme que todas as ações são governadas por quem as pratica, a coerção do Estado pelas mãos do soberano estará sempre pronta para impedir qualquer movimento que rompa com a ordem estabelecida. Assim, conforme já foi exposto, não existe nenhum âmbito ou lugar em que os tentáculos do *Leviatã* não cheguem e, consequentemente, não existe autonomia para o indivíduo hobbesiano.

Assim como Hobbes, Locke também analisa a sociedade e sua forma de organização a partir do estado de natureza. Tanto para um como para o outro, a primeira necessidade do homem é a sua preservação, sempre ameaçada. Para Hobbes, o indivíduo está sempre correndo o risco de perecer. A morte, segundo ele, é fruto da hostilidade dos outros homens, levando todos à guerra devido à rivalidade pela posse de bens e pelo desejo de poder, prestígio e reputação.

Por outro lado, Locke considera que o estado natural é harmônico, regulado pela razão e nele os indivíduos vivem em liberdade e igualdade sem se sujeitarem a nenhuma autoridade. Assim, cabe a cada um cuidar de seus bens e fazer justiça, caso seja necessário, quando outros tentarem tomar o que é seu. Aqueles que fizessem uso da força para se apossar dos bens de outros indivíduos, seriam sujeitos a toda repreensão, inclusive com a morte, pois estariam agindo de forma irracional, uma vez que, não respeitam a vida, a liberdade e a propriedade daqueles que trabalham. Por isso, Locke (2001, p. 502) justifica a criação do Estado cujo "principal objetivo da entrada dos homens em sociedade é eles desfrutarem de suas propriedades em paz e segurança, e estando o principal instrumento para tal nas leis estabelecidas naquela sociedade".

Note-se que para Locke o que justifica a criação do Estado é a manutenção da posse da propriedade e não a manutenção da vida para fugir da guerra ou a disputa pelo poder, conforme apresentado por Hobbes. É dessa forma que a concepção de estado de natureza nos dois autores em questão fica clara e distinta, conforme explicitou Locke:

> Eis aí a clara *diferença entre o estado de natureza e o estado de guerra*, os quais, por mais que alguns homens os tenham confundido tão distintos estão um do outro quanto um estado de paz, boa-vontade, assistência mútua e preservação, está de um estado de inimizade, malignidade, violência e destruição mútua. Quando homens vivem juntos segundo a razão e sem um superior comum sobre a Terra com autoridade para julgar entre eles, manifesta-se propriamente o estado de natureza. (Locke, 2001, p. 397-398)

O indivíduo, no estado de natureza, goza de liberdade e ao mesmo tempo é proprietário. Sendo livre, poderá, com o uso da razão, tomar as decisões que julgar apropriadas, segundo sua vontade, e se suas ações forem conduzidas pela necessidade, ele não será livre. Assim, para ele, a ideia de liberdade consiste na ideia do poder em certo agente para fazer ou deixar de fazer qualquer ação particular, segundo a determinação ou pensamento da mente, por meio do qual uma coisa é preferida a outra; se nenhuma das ações depende do poder do agente para ser produzida segundo sua vontade, ele não tem liberdade, sendo o agente sujeito à necessidade. (Locke, 1988, p.69-70)

Essa perspectiva de liberdade, traçada pelo autor, decorre da racionalidade, característica pertencente a todos os indivíduos e, portanto, a liberdade é um atributo individual. O fato de poder fazer uma escolha torna os homens iguais, por princípio, mas somente no estado de natureza. Ao sentir fome, por exemplo, o indivíduo buscará na natureza os alimentos para suprir sua necessidade de comer. Ao proceder dessa maneira ele se torna o dono dos frutos que vier a colher da terra e terá o direito de comê-los porque se não o fizer, morrerá de fome. Esse direito independe do consentimento dos outros indivíduos. Sendo o homem naturalmente proprietário de sua pessoa e, portanto, de seu trabalho, os frutos que eram comuns tornaram-se por meio do seu trabalho propriedades suas. Assim, a propriedade está vinculada, de modo direto, ao trabalho e, cada indivíduo tem em si mesmo a grande fonte da propriedade, pois é trabalhador e proprietário de si mesmo, e consequentemente do seu trabalho (Locke, 2001). Desse modo, na concepção de Locke, o direito de propriedade é essencialmente anterior à instituição da sociedade, não dependendo do consentimento de outros indivíduos ou da lei política. Assim, o direito de propriedade é um direito ligado apenas ao indivíduo e a sua necessidade de se alimentar, de modo algum, é um direito social. Em outros termos, a propriedade é natural em sua essência, e não convencional. Uma das propriedades concebidas por Locke no estado natural é a liberdade. Desse modo, liberdade e propriedade caminham juntas, pois se a liberdade é uma propriedade, em sentido inverso, a propriedade é também uma liberdade. Para o autor

> [...] *A liberdade* consiste em estar livre de restrições e de violência por parte de outros, o que não pode existir onde não existe lei. Mas não é, como já foi dito, *liberdade para que cada um faça o que bem quiser* (pois quem poderia ser livre quando o capricho de qualquer outro homem pode dominá-lo?), mas uma *liberdade* para dispor e ordenar como se quiser a própria pessoa, ações, posses e toda a sua propriedade, dentro dos limites das leis às quais se está submetido; e, portanto, não estar sujeito à vontade arbitrária de outrem, mas seguir livremente a sua própria. (Locke, 2001, p. 433-434)

Aqui fica evidente a crítica de Locke ao modelo de contrato proposto por Hobbes. Para o segundo, o soberano arbitra e submete à sua vontade a vida da cidade e dos súditos, enquanto para o primeiro quem decide é a própria pessoa, mas sempre dentro dos limites estabelecidos pela lei.

Por outro lado, essa visão Lockeana de liberdade exclui àqueles que precisam vender a sua força de trabalho para tirar dali o seu sustento. Se a propriedade é uma condição para a liberdade, então os indivíduos não proprietários não são livres. Se assim fosse, o elogio da propriedade pronunciado por aqueles que são proprietários deveria levar em consideração a aspiração daqueles que desejam tornarem-se também proprietários.

Com relação à autonomia, assim como Hobbes, Locke também não a tratou de forma explícita. No entanto, como pertencente ao conjunto dos autores que desenvolveram os princípios fundamentais do liberalismo clássico, a noção de autonomia é encontrada no II Tratado do Governo Civil (2001). Na sua fase liberal clássica, a autonomia deriva da convicção de que "pertence a cada indivíduo forjar o seu próprio destino" (Burdeau, 1979, p.35).

A autonomia Lockeana consiste no fato de que o indivíduo pode fazer o que quiser e não é obrigado a fazer o que não quer. Entretanto, ninguém deve ser prejudicado pelo conjunto das ações desse indivíduo. Locke (2001, p. 384) mostra o sentido e os limites dessa autonomia afirmando que "[...] embora seja esse um *estado de liberdade*, não é um estado de licenciosidade [...]". É uma autonomia com base nos preceitos morais, indicando que embora o indivíduo seja livre e, portanto, autônomo, a ordem precisa ser preservada. Nesse contexto, o homem justo e dotado de razão fará com que sua liberdade seja viável, pois suas ações não romperão com as regras dessa sociedade. Assim, no pensamento Lockeano, tanto a liberdade como a autonomia são individuais. Os limites a esses dois conceitos acontecem a partir do momento em que os indivíduos decidem ter uma vida em comum, instituindo a sociedade civil. Nela, a manutenção da ordem torna-se incompatível com a liberdade, pois, o legislador, por meio da razão, apresentará as regras que limitarão a liberdade e consequentemente a autonomia. No dizer de Locke (2001), a lei não é tanto a limitação, mas a direção para um indivíduo livre e inteligente em seu próprio interesse e só visa o bem comum daqueles que lhe são submetidos.

Na Sociedade Civil quem decide é o proprietário, que tendo sua independência econômica e liberdade de espírito, será um verdadeiro cidadão que, na perspectiva lockeana, é um homem da ordem, suficientemente esclarecido para poder escolher os seus representantes com conhecimento de causa e livre de pressões. Nessa sociedade formada pelos proprietários de terra não há lugar, como proprietário, para aquele que vive do trabalho. Os proprietários da terra tornam-se também proprietários do trabalho e dos frutos do trabalho do proletário, pois ao vender sua força de trabalho ao burguês, este se apropria de tudo que se origina desse contrato. Aqui está uma contradição na teoria de Locke: ele afirma que o indivíduo é livre para vender ou não a sua força de trabalho. O exercício dessa liberdade é produto exclusivamente da sua vontade. Porém, ao tomar tal decisão, ele o faz por necessidade. A necessidade está relacionada às questões do cotidiano, como comer, vestir-se e morar. Para atender tais necessidades é preciso dinheiro, que só poderá ser obtido pelo trabalho, que se efetiva por meio de um contrato de compra e venda, celebrado entre as duas partes contratantes: o trabalhador que vende a sua força de trabalho e o proprietário dos meios de produção que compra a força de trabalho. Em outros termos, trata-se de um contrato celebrado entre proprietários e não proprietários, portanto, necessariamente, desiguais. Esta desigualdade compromete a liberdade do trabalhador que, pela sua situação de não proprietário, quase sempre é compelido, pelas suas condições materiais de existência, a celebrar tal contrato, sob pena de pôr em risco tanto a sua sobrevivência quanto a da sua família. Desse modo, para o trabalhador, a ideia de Locke que estabelece a igualdade e a liberdade na Sociedade Civil não pode viabilizar-se.

A distinção entre proprietários e não proprietários apontada por Locke serviu como justificativa para que a burguesia se sobrepusesse ao proletariado. Ele estabelece essa premissa depois de ter considerado que os indivíduos no estado de natureza são igualmente capazes de tomar as decisões de acordo com as necessidades. Mas na posse da propriedade, os que ficaram sem nada são apontados por Locke como os únicos culpados por essa condição. Assim, a burguesia considera que os pobres, além de não serem proprietários, têm a obrigação de trabalhar para aqueles que souberam acumular e adquirir propriedades.

A igualdade significa que todos os cidadãos possuem os mesmos direitos e devem ser tratados da mesma forma. Mas não é o que ocorre na sociedade civil pensada por Locke. Para resolver esse problema, ele diz que há uma igualdade entre os proprietários de bens móveis e imóveis e os não proprietários de bens, que são proprietários de sua pessoa. Sendo todos proprietários, poderão celebrar as mais variadas formas de contrato, desde que se mantenha a integridade social. Assim, as leis criadas nessa sociedade pelos homens de razão são para que todos as obedeçam.

Para Locke, o governo pode ser destituído pela maioria quando não atende aos interesses da sociedade, dando a ideia de que todos podem participar. No entanto, a maioria a que ele se refere é formada pelos proprietários de terra, comerciantes e ricos, não cabendo em momento algum a rebelião por parte dos não proprietários de bens, pois estes "apenas vivem da mão para a boca" (Macpherson, 1979, p. 235) e são considerados irracionais ao lutarem contra a vida, a liberdade e a propriedade daqueles homens que a conseguiram por meio do seu trabalho, ainda no estado de natureza. A justificativa para a constituição da propriedade privada é apresentada por Locke (2001, p. 412-413-414, grifos no original) da seguinte forma:

> *A extensão da terra* que um homem pode arar, plantar, melhorar e cultivar e os produtos dela que é capaz de usar constituem sua *propriedade*. Mediante o seu trabalho, ele, por assim dizer, delimita para si parte do bem comum. [...] Deus deu o mundo aos homens em comum; mas uma vez que lhes deu o mundo para benefício deles e para a maior conveniência da vida que dele fossem capazes de extrair, não se pode supor que tivesse Ele a intenção de que permanecesse comum e inculto para sempre. Deu para o uso dos diligentes e racionais (e o *trabalho* haveria de ser o seu *título* de propriedade), e não para a fantasia e a cobiça dos rixentos e litigiosos.

No estado de natureza, o homem tinha a liberdade e a propriedade, portanto, tinha autonomia. Ao ingressar na sociedade civil por meio do pacto social, o indivíduo perde a liberdade e, consequentemente, a sua autonomia para decidir, pois para Locke (2001, p.470) "não seria pacto algum, caso ele fosse deixado livre". Dessa forma, o Estado proposto é a expressão dos interesses da burguesia ascendente e o exercício do poder político é prerrogativa da classe proprietária de bens. Assim,

> a burguesia inglesa vai encontrar em Locke o teórico que refutará as teses desenvolvidas por Hobbes no meio do século, em favor da necessidade de um Estado absolutista, e justificará a derrubada do soberano. (Beaud, 2004, p.48)

No entanto, em nenhuma dessas formas de organização política, os que trabalham nas propriedades dos outros são tratados como iguais. Tanto Hobbes (1988), quanto Locke (2001) responsabilizam os mais pobres pela sua condição, escondendo, assim, a desigualdade presente naquela sociedade. Para Hobbes (1988, p.206), os indivíduos saudáveis

> devem ser obrigados a trabalhar e, para evitar a desculpa de que não encontram emprego, deve haver leis que encorajem toda espécie de artes, como a navegação, a agricultura, a pesca e toda espécie de manufatura que exige trabalho.

Dessa forma, para ele, o desemprego é uma opção e não fruto da estrutura do capitalismo nascente. Locke também coloca a questão do desemprego sob a responsabilidade dos mais pobres e indisciplinados. A esse respeito, Macpherson (1979, p. 234-235) referindo-se ao pensamento de Locke afirma que:

> Os administradores dos presídios ("casa de correção") deveriam ser incentivados a transformá-las em estabelecimentos de manufaturas, os juízes de paz incentivados a transformá-las em estabelecimentos de manufaturas de trabalho pesado. Os filhos dos desempregados "acima dos três anos de idade" eram um ônus desnecessário para a nação e deveriam ser obrigados a trabalhar, e poderiam ser obrigados a ganhar mais do que o seu próprio sustento. Tudo isso era justificado sob o pretexto explícito de que o desemprego era devido, não a causas econômicas, mas a depravação moral. [...] Nem passava pela mente de Locke tratar os desempregados como membros livres ou integrados na comunidade política; do mesmo modo, não havia dúvida de que

estavam completamente submetidos ao estado. E o estado tinha o direito de tratá-los desse modo por que nunca viveriam até chegar ao padrão exigido de um ser racional.

Os proprietários não sujam suas mãos com a produção de gêneros alimentícios, pois sempre poderão contratar alguém para fazê-lo. No capitalismo nascente, o burguês certamente vê em cada pessoa uma oportunidade para aumentar os seus ganhos, seja na forma da exploração da mão de obra ou da comercialização de outras mercadorias. O processo de exploração humana se acentua ao considerar que os desempregados, embora devessem obedecer aos preceitos do Estado, não participavam de suas decisões, pois estavam distantes do padrão de racionalidade burguês. Numa sociedade assim organizada, não existiam condições para o exercício da liberdade e da autonomia.

3. A concepção de indivíduo em Hobbes e Locke

As ideias de liberdade e autonomia, bem como de estado de natureza e Estado Civil, desenvolvidas por Hobbes e Locke, trazem a noção do que irá se configurar no indivíduo liberal e burguês típico, que servirá de modelo de homem para toda a sociedade.

A organização do Estado pensada por Hobbes pressupõe uma concepção de indivíduo tal que no transcorrer de sua obra justifique a ação de alguém que tenha soberania sobre os demais. Para ele, os homens no estado de natureza são capazes de entrar em guerra para preservarem os seus interesses, sejam eles quais forem. É justamente por isso que ele edificará a sua proposta transferindo todo o poder do indivíduo ao soberano por meio do consentimento. É a partir de Hobbes que o indivíduo liberal começa a ser definido como um ser dotado de vontade própria e que só pode ser detido pela obediência às leis do Estado. Considerando a sociedade do seu tempo, Hobbes define o indivíduo por meio de algumas características afirmando que:

> [...] encontro entre os homens uma igualdade ainda maior do que a igualdade de força [...] a natureza dos homens é tal que, embora sejam capazes de reconhecer em muitos outros maior inteligência, maior eloqüência ou maior saber, dificilmente acreditam que haja muitos tão sábios como eles próprios; porque vêem sua própria sabedoria bem de perto, e a dos outros homens à distancia. [...] se dois homens desejam a mesma coisa, ao mesmo tempo que é impossível ela ser gozada por ambos, eles tornam-se inimigos. E no caminho para seu fim (que é principalmente sua própria conservação e às vezes apenas seu deleite) **esforçam-se por se destruir ou subjugar um ao outro.** [...] **na natureza do homem encontramos três causas principais da discórdia.** Primeiro, a **competição;** segundo, a **desconfiança;** e terceiro, **a glória** [...] um homem livre é aquele que, naquelas coisas que graças a **sua força e engenho** é capaz de fazer, **não é impedido de fazer o que tem vontade de fazer.** [...] **O direito de natureza,** [...] **é a liberdade que cada homem possui de usar seu próprio poder,** da maneira que quiser, para a **preservação de sua própria natureza,** ou seja, **de sua vida** [...]. (Hobbes, 1988, p. 74-75-78-129, grifos nossos)

Essas ideias possibilitam a compreensão do indivíduo hobbesiano como alguém com poder ilimitado, voltado para as coisas que só interessavam a ele mesmo, não havendo nenhuma possibilidade de ações coletivas. Desse modo, as ações são desenvolvidas sempre individualmente e, portanto, por alguém que se **basta** a si mesmo. Agindo sempre de forma individual, todos os outros indivíduos se tornam seus opositores, pois uma das características que os definem é a competição. A hostilidade, por ser uma característica universal e não particular, presente, portanto, em alguns indivíduos, faz da autopreservação o único princípio de todas as ações desse indivíduo. Assim, **o indivíduo liberal-burguês é um todo fechado em si mesmo, autossuficiente e voltado para a sua preservação**. Esse sentimento de hostilidade e de rejeição aos outros pode ser percebido no pensamento do próprio Hobbes (1988, p.75), ao afirmar que "os homens não tiram prazer algum da companhia uns dos outros (e sim, pelo contrário, um enorme desprazer)", afinal, "[...] o homem é o lobo do próprio homem" (Hobbes, 2004, p.11).

O que os torna inimigos e ao mesmo tempo capazes de viverem juntos é o que eles têm em comum, ou seja, a paixão fundamental do indivíduo é o poder. A respeito dessa paixão, Hobbes (1988, p.60) assinala "em primeiro lugar, como tendência geral de todos os homens, um perpétuo e irrequieto desejo de poder e mais poder, que cessa apenas com a morte". Para fugir da morte e preservar a sua vida, o indivíduo transfere para o Soberano todo o seu poder, para que todos possam ter paz e segurança, fundando assim o Estado. Essa fuga não tem relação com o outro indivíduo, pois preocupar-se com os outros não é uma das suas características. A preocupação é apenas com a sua sobrevivência.

Com Hobbes, podemos considerar que o indivíduo é único e é justamente essa característica que o torna um indivíduo e, como tal, isolado. Esse isolamento se dá pela guerra que se estabelece entre os indivíduos e a consequente necessidade da autopreservação. Essa guerra pode se concretizar nas disputas pelo poder, pela concorrência, pelas desigualdades, enfim, pelo individualismo. A teoria de Locke sobre o indivíduo se aproxima em muitos pontos da teoria Hobbesiana. Locke estabelece que as ações do indivíduo acontecem sempre no plano individual, assim como defende Hobbes. É comum encontrar em seus escritos os pronomes **possessivos** meu, minha, seu, sua, teu, tua. Esses pronomes são indicativos da concepção de indivíduo deste autor, originada a partir de um conjunto de expressões que não deixam dúvida sobre o seu caráter.

> [...] Mas a *liberdade* dos homens *sob um governo* consiste em viver segundo uma regra permanente, comum a todos nessa sociedade e elaborada pelo poder legislativo nela erigido: liberdade de seguir **minha própria vontade** em tudo quanto escapa à prescrição da regra e de não estar sujeito à vontade inconstante, incerta, desconhecida e arbitrária de outro homem. Assim como *a liberdade da natureza* consiste em não estar sujeito a restrição alguma senão à da *lei da natureza*. [...] Deus, que deu o mundo aos homens em comum, deu-lhes também a razão, a fim de que dela fizessem uso para maior benefício e conveniência da vida. [...] Embora a terra e todas as criaturas inferiores sejam comuns a todos os homens, **cada homem tem uma** *propriedade* **em sua própria** *pessoa*. A esta ninguém tem direito algum além dele mesmo. O *trabalho* de **seu corpo** e *a obra* de **suas mãos** pode-se dizer, **são propriamente dele**. [...] Fica claro que, se o fato de colher o alimento não o fez dele, nada mais o faria. Aquele *trabalho* imprimiu uma distinção entre esses frutos e o comum acrescentando-lhes algo

mais do que a natureza, mãe comum de todos, fizera; desse modo, tornaram-se **direito particular dele**. Tampouco é estranho, como talvez possa parecer antes de se considerar o assunto, que a *propriedade do trabalho* seja capaz de superar a comunidade da terra, pois é o *trabalho*, com efeito, que estabelece a *diferença de valor* de cada coisa. [...] De tudo isso fica evidente que, embora as coisas da natureza sejam dadas em comum, o homem (sendo **senhor de si mesmo e *proprietário de sua própria pessoa* e de suas ações ou de seu *trabalho*)** tinha já em si mesmo o grande *fundamento da propriedade*, e que o que formava a maior parte do que ele empregava para o sustento ou conforto do seu próprio ser, quando a invenção e as artes aperfeiçoaram as conveniências da vida, era perfeitamente dele, e não pertencia em comum aos demais. (Locke, 2001, p. 403-406-407-409-410-420-421, grifos nossos)

A propriedade é individual, a liberdade é individual, a luta para preservar a sua vida é individual, o trabalho é individual, o homem é proprietário de sua pessoa, de seu trabalho, enfim, tudo é individual. Desse modo, é possível extrair dessa passagem a concepção de indivíduo desse autor. Trata-se de um indivíduo fechado em si mesmo, moralmente autossuficiente, que pensa, exclusivamente, na sua preservação.

No estado de natureza, o indivíduo é livre, autônomo e, ao mesmo tempo, proprietário. Mesmo que a maioria seja proprietário apenas da sua pessoa, ainda assim é um proprietário. Esta condição de proprietários é o que leva os indivíduos a se organizarem em comunidade para preservarem tais propriedades.

Na perspectiva do individualismo, a sociedade civil é formada pela somatória de indivíduos inicialmente separados no "estado de natureza" que, quando se reúnem, o fazem para garantir a consecução de seus interesses individuais. A primazia dos interesses individuais determina que o sucesso ou o insucesso de cada um depende de seu talento e resulta da sua capacidade de competir com os membros da sociedade. A competição, a autopreservação e a busca do sucesso transformam o homem num indivíduo.

O individualismo é o postulado pelo qual Locke transforma a massa dos indivíduos iguais em dois grupos distintos, os que têm propriedade e os que não a têm. Os proprietários e também empregadores são considerados por Locke como seres racionais e aqueles que vendem sua força de trabalho tentando sobreviver são considerados irracionais. (segundo Macpherson, op.cit.,)

Dividido, fragmentado, egoísta, individualista, autossuficiente, racional e autocentrado, são as principais características que identificamos na concepção de indivíduo tanto em Hobbes quanto em Locke.

4. O indivíduo liberal-burguês e a sua crise

Com o decorrer do tempo, os pensamentos de Hobbes e de Locke se fortalecem e a concepção de indivíduo por eles proposta se espalha pela sociedade burguesa forjando lentamente uma nova concepção de indivíduo. No entanto, esse indivíduo, que é concreto e, portanto, histórico, já nasce em crise, pois a sociedade que se consolida não é igual para todos.

Assim como no estado de natureza os indivíduos viviam em guerra, não será diferente no Estado hobbesiano, pois a competição pelo poder, pela riqueza e pela honra "leva à luta, à inimizade e à guerra, porque o caminho seguido pelo competidor para realizar seu desejo consiste em matar, subjugar, suplantar ou repelir o outro" (Hobbes, 1988, p.60). A competição não se dará mais no estado de natureza, mas a luta pela preservação da sua vida se fará por meio do trabalho. Esse trabalho torna-se uma mercadoria e como tal passa a ser vendida, não de acordo com as necessidades do indivíduo trabalhador, mas do indivíduo empregador. Nas regras mercantis, tudo pode ser vendido ou trocado, pois o indivíduo, bem como o seu trabalho, são apenas e tão somente mercadorias.

A desigualdade entre os indivíduos, a partir do liberalismo clássico, molda todos às novas situações e às necessidades do mercado. Dessa forma, "o trabalho de um homem também é um bem que pode ser trocado por benefícios tal como qualquer outra coisa" (Hobbes, 1988, p. 150). A conversão do trabalho em mercadoria só é possível porque ele é propriedade de cada indivíduo e, nesse sentido, não há nenhuma diferença entre o pensamento de Hobbes e Locke. Ao contrário, é isso que os coloca entre os pensadores da burguesia e, consequentemente, do liberalismo.

O indivíduo inserido no mercado de trabalho continuará competindo com os seus adversários para manter o seu emprego e preservar a sua vida, ao mesmo tempo em que será importante na disputa entre as empresas concorrentes na economia mundial. Esse indivíduo é a peça fundamental na engrenagem que gira a roda do capital. Enquanto indivíduo que produz, será sempre importante para o país e terá seu valor. A esse respeito, Hobbes (1988, p. 54, grifo nosso) enfatiza que

> O *valor* de um homem, tal como o de todas as outras coisas é seu preço; isto é, tanto quanto seria dado pelo uso de seu poder. Portanto não absoluto,

mas **algo que depende da necessidade e julgamento de outrem**. Um hábil condutor de soldados é de alto preço em tempo de guerra presente ou iminente, mas não o é em tempo de paz. Um juiz douto e incorruptível é de grande valor em tempo de paz, mas não o é tanto em tempo de guerra. E tal como nas outras coisas, **também no homem não é o vendedor, mas o comprador quem determina o preço**. Porque mesmo que um homem (como muitos fazem) atribua a si mesmo o mais alto valor possível, apesar disso **seu verdadeiro valor não será superior ao que lhe foi atribuído pelos outros**.

De indivíduo livre e autônomo no estado de natureza, passou a ter o valor do seu trabalho e o espaço de circulação determinados por outra pessoa, sua adversária. É o fim da liberdade e da autonomia. No entanto, mesmo tendo perdido a liberdade e autonomia, esse indivíduo recorre a diferentes formas de participação para mudar suas condições de vida e de trabalho. Porém, pelas leis do Estado hobbesiano, o que ocorre é produto do seu consentimento e as ações do soberano nada mais são do que aquilo que foi por ele autorizado no contrato, não cabendo a nenhum indivíduo contestar o que está estabelecido, pois voltaria ao estado de natureza, no qual a guerra poderia exterminar a espécie humana.

Na perspectiva da sociedade civil de Locke, esse indivíduo pouco poderá fazer, pois contestar as ações do poder instituído é somente para os proprietários de bens e esse princípio não se aplica a quem trabalha apenas para comer. Para aquele autor seria uma atitude irracional a contestação das ações contra essa sociedade, produto também de um pacto. Assim, quando a participação social tem como objetivo algum tipo de mudança, a criminalização se justifica. Afinal, indivíduos que contestam a ordem vigente são **baderneiros**, **arruaceiros** e, portanto, agem fora do que é aceitável como racional.

O indivíduo não pode voltar ao seu estado natural, no qual reinava a liberdade e a autonomia. Se tentar, sofrerá a força coercitiva do Estado responsável pela manutenção da ordem pactuada.

Atentos à movimentação social e para manter-se e continuar dominando, no capitalismo nascente, os proprietários incorporam as reivindicações dos trabalhadores adequando-se aos novos tempos sem perder as suas características fundamentais. Desse modo, o próprio Estado cria os canais de participação, amenizando assim o número de indivíduos descontentes e dispostos a fazer a sua história. A partir do momento em que esse indivíduo começa a beneficiar-se dos programas criados pelo Estado, estará sob controle, pois só serão oferecidas possibilidades de participação e de expressão que não produzam efeitos de mudança na estrutura social. Ao contrário, será a garantia de que nada mudará. Com o indivíduo sob controle, o Estado não corre risco e o mercado reina absoluto, tal como o soberano.

Esse indivíduo perdeu a liberdade e a autonomia e, ao mesmo tempo, está controlado, *a priori*, por meio da participação. Ele será punido, caso busque outros meios de efetivar as mudanças que lhes são necessárias para manter a vida. Embora possua uma vontade que o caracteriza como indivíduo, não tem autonomia para exercê-la, pois sua liberdade foi restringida pelo Estado. Por outro lado, ele não pode confrontar o Estado do qual também é fiador, e, dessa forma, se sujeita às penas da lei. Quais são as alternativas desse indivíduo? Atender à sua vontade e suportar as penas impostas pela lei ou sufocar a sua vontade?

Com as perspectivas reduzidas, esse indivíduo entra em crise, ou como foi dito, o indivíduo liberal já nasce em crise. Essa crise é resultado da insegurança, das mudanças advindas da consolidação do capitalismo e da perda da liberdade e da autonomia. A crise desse indivíduo é um dos pontos centrais desse estudo, porque sustentamos que a crise da escola está relacionada à crise da concepção burguesa de indivíduo e, sobretudo a crise do próprio indivíduo.

Em seus *Pensamientos sobre la educación* (1968), Locke coloca no centro da sua reflexão educativa a figura do *gentleman*, apontado por ele como modelo ideal para a nova classe dirigente, a burguesia. Esse modelo será o burguês típico, cujo comportamento se estenderá para os demais segmentos sociais. O *gentleman* é o homem:

> capaz de renunciar a satisfação de seus próprios desejos, de contrariar suas próprias inclinações, e de seguir unicamente aquilo que a razão lhe indica como melhor, mesmo que os apetites o dirijam para outro lado. (Locke, 1986, p. 66, tradução nossa)

Ao renunciar aos próprios desejos, o indivíduo ignora a vontade, que é uma característica fundante da sua individualidade. Trata-se de uma forma de dominar o indivíduo para que ele não se manifeste no sentido de produzir mudanças significativas no campo social, pois deve obedecer ao que sua razão determina. A racionalidade é característica dos proprietários e não daqueles que trabalham apenas para o seu sustento. Decorre daí que o postulado pedagógico Lockeano destina-se a formar o indivíduo burguês, cabendo ao Estado coibir aqueles que não se enquadram no ideário proposto.

Uma educação pensada nesta perspectiva torna-se uma das formas de controle das ações dos indivíduos. Elaborada por Hobbes e Locke a concepção burguesa de indivíduo será referência de outros autores, produzindo repercussões no campo da educação que são desfavoráveis aos mais pobres. Assim, se o indivíduo burguês precisa ser preparado, formado e educado, organiza-se uma escola para a burguesia. O indivíduo que não é burguês passa também a ser formado para ser enquadrado nas regras da nova sociedade, porém, para aquele que não é burguês, há uma escola diferente, pois ele não é um *gentleman*. Por isso, a educação nesse período era ministrada em prédios separados, sendo um para os pobres e outro para os filhos da burguesia. A esse respeito, Basedow (apud Ponce, 2005, p. 139) afirma que

> Não há nenhum inconveniente em separar as escolas grandes (populares) das pequenas (para os ricos e também para a classe média), porque é muito grande a diferença de hábitos e de condição existentes entre as classes a que se destinam essas escolas. Os filhos das classes superiores devem e podem começar bem cedo a se instruírem, e como devem ir mais longe do que os outros, estão obrigados a estudar mais. As crianças das grandes escolas (populares) devem, por outro lado, de acordo com a finalidade a que deve obedecer a sua instrução, dedicar pelo menos metade do seu tempo aos trabalhos manuais, para que não se tornem inábeis em uma atividade que não é tão necessária, a não ser por motivos de saúde, às classes que trabalham mais com o cérebro do que com as mãos.

Essa concepção dualista de educação separa em dois segmentos os indivíduos que na visão liberal de Locke deveriam seguir o modelo do gentleman. No entanto, do ponto de vista da economia e do controle social, nem todos deveriam ter acesso ao saber científico. Este deveria ser um dos privilégios da burguesia, como estratégia para a manutenção do poder e, consequentemente, da propriedade. Conforme afirmado anteriormente, a liberdade e a autonomia são características humanas destinadas àqueles que fazem uso da razão, diferente dos outros que, segundo Locke, jamais chegarão a compreendê-la. Dessa forma, a escola destinada aos filhos dos não proprietários estava incumbida de ensinar as artes e os ofícios, para o desenvolvimento das habilidades necessárias ao exercício de uma determinada profissão.

Uma sociedade assim organizada produz seres distintos, que ocuparão e desempenharão atividades diversas na sociedade. Certamente aqueles que tiveram seu intelecto desenvolvido ocuparão lugares destacados, cujas ações repercutem sobre todos, pois se trata de chefia, de mando, de controle. Por outro lado, os filhos dos não proprietários que tiveram acesso apenas a alguns rudimentos da educação, mas desenvolveram a arte de uma determinada profissão manual, terão o seu lugar assegurado nesta mesma sociedade. Com o conhecimento reduzido ao cotidiano, ao prático, ao necessário e ao útil, este indivíduo terá uma percepção social circunscrita ao universo das suas atividades produtivas e, portanto, distante das contradições, que são próprias dessa forma de conceber a sociedade civil. Assim, cada um agindo segundo seu talento, o modelo burguês de indivíduo irá se reproduzir ao longo dos séculos. Para aqueles que não conseguirem nenhuma ocupação nesta sociedade, restará o fato de serem considerados culpados pelo próprio fracasso. Nessa mesma direção, Hobbes (1988, p. 58-59) elabora o princípio meritocrático ao estabelecer que

> [...] o merecimento de um homem é uma coisa diferente de seu valor, e também de seu mérito, e consiste num poder ou habilidade especial para aquilo de que se diz que ele é merecedor, habilidade particular que geralmente é chamada adequação ou aptidão. [...] Porque quem mais merece ser comandante ou juiz, ou receber qualquer outro cargo, é quem for mais dotado com as qualidades necessárias para o seu bom desempenho, e quem mais merece a riqueza é quem tem as qualidades mais necessárias para o bom uso dessa riqueza. Mesmo na falta dessas qualidades pode-se ser um homem de valor, e valioso para qualquer outra coisa. Por outro lado, um homem pode ser merecedor de riquezas, cargos ou empregos, e apesar disso não ter o direito de possuí-los de preferência a um outro, não podendo por isso, dizer-se que os mereça. Por que o mérito pressupõe um direito, e a coisa merecida é devida por promessa.

A ideia de mérito está relacionada ao sucesso e ao fracasso. Ao estabelecer que tanto o sucesso quanto o fracasso dependem de cada um, Hobbes reforça a teoria de que as ações são sempre individuais, mantendo-se assim a concepção burguesa de indivíduo, bem como a competição e a preservação da própria vida.

Essa visão Hobbesiana se relaciona com os desdobramentos de uma escola que está organizada de diferentes formas para produzir resultados distintos em todos os segmentos sociais. Para evidenciar que os conhecimentos escolares não se destinam a todos, Filangieri (apud Ponce, 2005, p.139-140), justifica a razão do dualismo pedagógico, afirmando que

O agricultor, o ferreiro etc. não necessitam mais do que uma instrução fácil e breve para adquirir as noções necessárias para a sua conduta civil e para os progressos da sua arte. Não se poderia dizer o mesmo em relação aos homens destinados a servir à sociedade com seus talentos. Que diferença entre os tempos exigidos pela instrução de uns e outros! A educação pública exige, para ser universal, que todos os indivíduos da sociedade participem dela, mas cada um de acordo com as circunstancias e com o seu destino. Assim, o colono deve ser instruído para ser colono, e não para ser magistrado. Assim, o artesão deve receber na infância uma instrução que possa afastá-lo do vicio e conduzi-lo à virtude, ao amor à Pátria, ao respeito às leis, uma instrução que possa facilitar-lhe o progresso na sua arte, mas nunca uma instrução que possibilite a direção dos negócios da Pátria e a administração do governo. Em resumo, para ser universal, a educação publica deve ser tal que todas as classes, todas as ordens do Estado dela participem, mas não uma educação em que todas as classes tenham a mesma parte.

O pensamento da burguesia deixa claro que todos podem participar da sociedade burguesa, mas os proprietários decidem os seus rumos. Mantendo **cada um em seu lugar**, a burguesia se fortalece como classe dominante e para que isso seja aceito pela maioria da população, criam-se canais de participação, justifica-se a desigualdade pela falta de mérito e a ilusão de uma educação universal e transformadora.

Numa sociedade assim organizada, que tem como modelo um indivíduo que a maioria das pessoas não consegue atingir, pelas razões expostas neste capítulo, a escola torna-se o meio mais importante para a difusão da concepção burguesa de indivíduo, constituindo, assim, o indivíduo concreto. A aceitação desse modelo entre os mais pobres acontece de forma passiva e sua efetividade se realiza tal como é pensada pela burguesia. Quando alguns, dentre os mais pobres, eventualmente percebem que dificilmente se tornarão *gentleman* e que as ações requeridas por essa concepção não se realizam no cotidiano de suas relações, passam a culpar-se pelo seu fracasso. Nessa perspectiva, o indivíduo em crise gera a principal causa da crise da escola. As repercussões dessa crise serão tratadas no próximo capítulo.

Capítulo 2

Expressões da Crise do Indivíduo Burguês na Escola: a Crise da Escola

1. Introdução

As transformações e adequações do capitalismo nas últimas décadas fizeram o capital se reorganizar para manter seu padrão de acumulação, como mostraremos posteriormente, e têm requerido uma adaptação do sistema educacional ao novo modelo de reestruturação produtiva. Como a escola não tem dado conta de formar o trabalhador com um novo perfil, diferente do que até então era exigido pelo capital, e nem acompanhado as mudanças sociais, por participação e cidadania, tornou-se comum dizer que a escola está em crise.

A baixa capacitação dos trabalhadores passou a ser apontada como um dos obstáculos para o desenvolvimento e competitividade dos produtos brasileiros e a responsabilidade por essa pouca qualificação da mão de obra tem sido imputada à escola. Empresários, governantes, mídia, professores, acadêmicos concordam com essa ideia e tem se manifestado a esse respeito e proposto saídas para a crise da escola que se reflete diretamente no setor produtivo.

Nesse sentido, é ilustrativa a proposta do Programa Educação Pela Qualidade, elaborado pelo Instituto Euvaldo Lodi (IEL), da Confederação Nacional da Indústria:

> A finalidade da proposta é, portanto, promover processos pedagógicos e métodos didáticos capazes de

contribuir para o desenvolvimento do homem, ambientado em uma cultura formada pelos valores do industrialismo e da qualidade, ainda incipientes no Brasil. Numa visão empresarial [...] compreende-se que a qualidade e a produtividade, condições essenciais para o aumento da competitividade, estão intimamente relacionados ao nível de educação da sociedade e ao próprio exercício da cidadania. (IEL, 1992, p.51; 1994, p.3)

A citação acima demonstra a preocupação de uma parte da sociedade, os empresários, com as defasagens do ensino no Brasil. E não é voz isolada. Outros setores, como foi dito anteriormente, também têm demonstrado essa preocupação que culmina na chamada crise da escola. No entanto, não cabe aqui discutir as análises daqueles setores e o exemplo dos empresários é apenas ilustrativo. O objetivo deste estudo é discutir a **crise da escola** a partir das interpretações que alguns teóricos como Philippe Perrenoud, Jacques Delors, Moacir Gadotti e Rubem Alves fazem sobre essa crise.

A opção por esses autores deve-se ao fato de que eles apresentam interpretações que, do nosso ponto de vista, resultam em ajustes da educação ao modo de produção capitalista e, portanto, não compreendem uma solução para a crise da escola. As soluções para a **crise da escola** apontadas por eles, como por exemplo, a necessidade de novas leis, de novas políticas educacionais, de novos métodos e de novas técnicas de ensino, mostraram-se insuficientes para superar a crise. Essas mudanças, segundo eles, permitem formar os indivíduos para se adaptarem às novas exigências do setor produtivo. Assim, na perspectiva desses autores, a solução da crise da escola pode ser conseguida também por meio de parcerias entre a escola e a comunidade e entre a escola e as empresas. É importante ressaltar que essa parceria entre escola e empresas acaba resultando na qualificação de mão de obra para os setores em que há interesses das empresas, normalmente os técnicos, que não mais serão formados nas fábricas. Em alguns momentos, como veremos, eles criticam as políticas neoliberais, pois consideram que elas são as responsáveis pelo agravamento dos problemas sociais e geradoras da crise da escola. Buscando uma sociedade **igualitária**, defendem que **outro mundo é possível**, que **outra educação é possível** (Tonet, 2007).

Os autores em tela produziram nas últimas décadas um conjunto de concepções e expressões que se tornaram comuns entre os educadores cujo uso indica aqueles que estão e os que não estão atualizados. O pensamento desses teóricos se expressa por meio de propostas como a **formação flexível e polivalente**, as **novas qualificações**, as **competências** (Perrenoud, 1999, 2005; Delors, 2006), a **empregabilidade, educação cidadã, educação democrática, educação participativa, educação emancipadora e educação humanizadora** (Gadotti, 1998a, 1998b, 2010).

A educação na perspectiva desses autores não deve formar indivíduos apenas como mão de obra para a reprodução da lógica capitalista. Consideram que o indivíduo deve ser trabalhador e cidadão. Nesse sentido, eles entendem que o trabalhador estará capacitado para atender às novas exigências do processo produtivo, mas também será alguém consciente de seus direitos e sempre disposto a participar de forma ativa e crítica da construção de uma sociedade mais justa, mais humana e igualitária.

2. Interpretações da crise da escola

Para entender a crise da escola e as propostas desses autores para equacioná-la é necessária uma retrospectiva histórica das mudanças ocorridas no modo de produção capitalista pós-Segunda Guerra Mundial. Essas mudanças decorrem dos ajustes do capital visando à expansão de mercados e sua maior extensão em escala mundial. Naquele momento, o modelo de organização do trabalho com base nos princípios fordistas ancorava-se no trabalho especializado, garantindo o crescimento do capital e a produção e acumulação de bens e de produtos. Na mesma proporção, a população mundial também cresceu e a produção tornou-se insuficiente para atender a demanda dessa população por bens de consumo. Com o objetivo de aumentar a acumulação e a reprodução do capital, a burguesia encontra a saída no modelo flexível de organização do trabalho, no qual o especialista vai aos poucos sendo substituído por um trabalhador de novo tipo, capaz de fazer diversas atividades, segundo as necessidades do processo produtivo. A respeito dessas transformações ocorridas no modo de produção capitalista que interferem em todas as atividades sociais, Giovanni Alves (2005, p. 9-16) afirma que

> É a partir da mundialização do capital que se desenvolve um complexo de reestruturação produtiva, com impactos estruturais no mundo do trabalho. Ele surge como ofensiva do capital na produção, tendo em vista que debilita a classe, não apenas no aspecto objetivo, com a constituição de um novo (e precário) mundo do trabalho, mas principalmente no subjetivo. É por isso que, na perspectiva histórico-ontológica, o novo complexo de reestruturação produtiva não possui caráter "neutro" na perspectiva de luta de classes. Ela é apenas expressa, na medida em que se desenvolvem as alterações do processo de trabalho, algo que é intrínseco à lei da acumulação capitalista: a precarização da classe dos trabalhadores assalariados, que atinge não apenas, no sentido objetivo, a sua condição de emprego e salário mas,

no sentido subjetivo, a sua consciência de classe [...]
Foi a nova crise do capital que atingiu os países capitalistas centrais a partir de 1973, que impulsionou, principalmente nos anos 80 e 90, uma série de transformações sócio-históricas que alcançaram as mais diversas esferas do ser social.

Essa crise apontada por Giovanni Alves faz com que o capital se reorganize para manter seu padrão de acumulação por meio da reestruturação produtiva, que se dará, sobretudo, com a flexibilização das relações de trabalho e com a automação. Isso requer um trabalhador multifuncional que vai aos poucos substituindo as profissões especializadas. O perfil profissional exigido nas empresas passa a ser o polivalente, com atuação em equipe, capacidade de tomar iniciativas, sem horário fixo, enfim, flexível. Isso pode ser percebido a partir das três últimas décadas do século XX, pela ascensão do neoliberalismo como proposta e realização do capital para adequar o conjunto dos países aos novos padrões de produção decorrentes do rápido e intenso desenvolvimento tecnológico estimulado no pós-guerra. Considerado pelos seus proponentes como a única alternativa frente à crise de acumulação gerada durante a vigência do Estado de Bem-Estar Social, o neoliberalismo se traduz no fortalecimento dos ideais e práticas de autorregulação e competição em todos os âmbitos da vida em sociedade.

As medidas adotadas pelos governos neoliberais trouxeram para os segmentos sociais médios e populares o aumento das dificuldades de sobrevivência, pois o desemprego e, consequentemente, o empobrecimento se acentuaram. Os bolsões de pobreza cresceram nos países de economia periférica, nos quais o capital se concentra ainda mais. Desse modo, neles, a desigualdade entre as classes sociais torna-se mais evidente, sobretudo, nas regiões industrializadas.

Com o Brasil não foi diferente. As implicações das políticas neoliberais podem ser compreendidas nas palavras de Pochmann (2005, p.95), quando afirma que:

> Durante a década de 1990, a economia brasileira passou por profundas modificações, responsáveis, em grande medida, pela ampliação do desemprego nacional. Por isso, a temática do desemprego foi associada, inicialmente, à busca de competitividade empresarial, à estabilização monetária, à rigidez do mercado de trabalho e à baixa qualificação dos trabalhadores. Com o passar do tempo, contudo, essas hipóteses explicativas tornaram-se inconsistentes e insustentáveis diante da escalada do desemprego nacional, mesmo diante da recuperação do nível de atividade entre 1993 e 1997 e da implementação de medidas voltadas à flexibilização do mercado de trabalho e à elevação da escolaridade e da capacitação da mão-de-obra. Na desaceleração econômica pós-1997, as taxas de desemprego passaram a assumir proporções sem paralelo na história recente do país.

Para preparar um novo perfil profissional, garantindo minimamente o retorno ou a entrada no mercado de trabalho, a escola modifica a sua estrutura curricular para treinar a mão de obra para o capital. Assim, novas propostas de adequação da educação aparecem por meio das reformas, ajustando a legislação ao atual estágio de desenvolvimento e expansão capitalistas.

Um dos documentos que mais se aproxima da visão de educação considerada adequada ao atual momento histórico e que se transformou no documento de referência para os que querem submeter a escola à nova ordem é o Relatório da Organização Educacional, Científica e Cultural das Nações Unidas – Unesco, intitulado: *Educação: um tesouro a descobrir*, sob a organização de Jacques Delors e publicado no Brasil por uma parceria da Unesco com o MEC. Esse documento é resultado da Conferência Mundial de Educação para Todos, que teve lugar em Jomtien, na Tailândia, em 1990 e que foi convocada pela Unesco, Unicef, PNUD e Banco Mundial. Para Jacomeli (2004, p.29) essas agencias multilaterais "tem como centralidade a discussão em torno da educação e da formação para o trabalho e a retomada da tese do individualismo liberal".

O relatório faz uma série de considerações sobre a educação, colocando-a como o espaço de criação de vínculos sociais entre as pessoas cuja origem e referências são comuns. Destaca que os meios utilizados abrangem todas as culturas, apontando que em todos os casos a educação tem como objetivo essencial o desenvolvimento do ser humano tendo como indicador sempre a dimensão social. No entanto, o referido relatório aponta que, atualmente, os diferentes modos de socialização estão passando por duras provas em algumas sociedades, cujos laços sociais estão se rompendo. A partir do exposto, ele considera que os sistemas educacionais estão sob tensões ao tentar respeitar a diversidade dos indivíduos e dos diversos grupos humanos e, ao mesmo tempo, tentar manter o princípio da homogeneidade, que ocorre por meio das regras que são comuns. É nesse sentido que o Relatório da Unesco apresenta a sua versão da crise da educação ao afirmar que:

> a educação enfrenta enormes desafios, e depara com uma contradição quase impossível de resolver: por um lado, é acusada de estar na origem de muitas exclusões sociais e de agravar o desmantelamento do tecido social, mas por outro, é a ela que se faz apelo, quando se pretende restabelecer algumas das semelhanças essenciais à vida coletiva. [...] Confrontada

com a crise das relações sociais, a educação deve, pois, assumir a difícil tarefa que consiste em fazer da diversidade um fator positivo de compreensão mutua entre indivíduos e grupos humanos. (Delors, 2006, p.51-52)

Na perspectiva do documento em tela, esta crise social está relacionada ao agravamento das desigualdades sociais, da fome generalizada, do aumento da pobreza, do desemprego, do êxodo rural, das migrações, enfim situações que colocam em risco a coesão social. Assim, a educação torna-se fundamental para manter essa coesão, bem como a diversidade dos indivíduos e dos grupos humanos, evitando, assim, a exclusão, a que muitos estão submetidos, impedidos de ter acesso aos bens de consumo. Desse modo, o Relatório defende o respeito pela diversidade e pela especificidade dos indivíduos e faz uma crítica à educação enfatizando que

> os sistemas educativos formais são, muitas vezes, acusados, e com razão, de limitar a realização pessoal, impondo a todas as crianças o mesmo modelo cultural e intelectual, sem ter em conta a diversidade dos talentos individuais. Tendem cada vez mais, por exemplo, a privilegiar o desenvolvimento do conhecimento abstrato em detrimento de outras qualidades humanas como a imaginação, a aptidão para comunicar, o gosto pela animação do trabalho em equipe, o sentido do belo, a dimensão espiritual ou a habilidade manual. (Delors, 2006, p.54-55)

A crítica feita pelo Relatório considera que a escola, ao impor a todos o mesmo modelo cultural, não atende às diversidades e, portanto, precisa ser mudada. A solução proposta pela Unesco é uma ampla reforma nos sistemas educacionais dos países signatários do Relatório. Por isso, pode-se afirmar que as reformas educacionais ocorridas nos países em desenvolvimento, dentre eles o Brasil, estão ancoradas nos mesmos pressupostos. Isso reforça a ideia de que há um novo projeto de sociedade sendo pensado e desenvolvido pelos intelectuais produtores da ideologia que sustenta o capitalismo. Nesse projeto, a educação escolar é vista como a melhor ferramenta para que os indivíduos aceitem como **natural** o desemprego estrutural e as diferenças econômicas e sociais decorrentes da reestruturação do capitalismo globalizado e neoliberal. É nesse sentido que Delors (2006, p.107) defende que o modelo de educação está em desacordo com o que ocorre na sociedade afirmando que

> Nas sociedades tradicionais, a estabilidade da organização produtiva, social e política garantia um ambiente educativo e social relativamente imutável e marcado por ritmos de iniciação programados. Os tempos modernos perturbaram os espaços educativos tradicionais: igreja, família, comunidade de vizinhos. Além disso, uma certa ilusão racionalista segundo a qual a escola podia, por si só, prover a todas as necessidades educativas da vida humana, acabou por ser destruída pelas alterações da vida social e pelos progressos da ciência e da tecnologia e suas consequências sobre o trabalho e o meio em que vivem as pessoas. As necessidades de adaptação, de reciclagem, que se fizeram sentir no campo profissional das sociedades industriais invadiram, pouco a pouco, os outros países e as outras áreas de atividade. Contesta-se a pertinência dos sistemas educativos criados ao longo dos anos – tanto formais como informais – e a sua capacidade de adaptação é posta em dúvida. Estes sistemas, apesar do extraordinário desenvolvimento da escolarização mostram-se, por natureza, pouco **flexíveis** e estão à mercê do mínimo

erro de antecipação, sobretudo quando se trata de preparar **competências** para o futuro.

Nessa passagem ele indica que a educação dos indivíduos passa por dois conceitos novos: flexibilidade e competência. Essa concepção decorre do fato de que o currículo escolar deveria ser **atualizado**, modificado, pois tem sua origem num passado distante e se vive hoje uma nova era, um novo tempo, portanto, precisa-se de uma nova escola, com conhecimentos mais adequados às mudanças que estão acontecendo no mundo. Para ele, esse novo currículo deve ser capaz de promover a inclusão de todos os segmentos sociais, excluídos daquela velha escola, a tradicional. Nessa nova escola haveria lugar para todos. Ela seria o lugar da realização pessoal, da formação para o trabalho, para a democracia, para a participação, enfim, seria flexível.

O Relatório faz indicações gerais para que posteriormente sejam feitas as adaptações, de acordo com as especificidades de cada país, no momento da implantação dessas mudanças nos seus respectivos sistemas de ensino. São recomendações para que esses ajustes sejam coerentes aos objetivos da reprodução do capital. É nesse sentido que o referido relatório afirma que:

> A educação não pode contentar-se em reunir as pessoas, fazendo-as aderir a valores comuns forjados no passado. Deve, também, responder à questão: *viver juntos, com que finalidades, para fazer o quê?* e dar a cada um, ao longo de toda a vida, a **capacidade de participar, ativamente**, num projeto de sociedade. [...] preparar cada pessoa para esta participação, mostrando-lhe os seus **direitos e deveres**, mas também **desenvolvendo as suas competências sociais e estimulando o trabalho em equipe na escola**. (Delors, 2006, p.60-61)

Essa escola apresentada como moderna, com um novo currículo, traz na passagem citada, suas aproximações com o toyotismo[4], quando evidencia o desenvolvimento de competências e o trabalho em equipe. Trata-se, na verdade, de treinamento em sala de aula, visando à inserção do concluinte do ensino básico no mercado de trabalho. Assim, a escola prepara a mão de obra para posteriormente ser explorada pelo capital. Os indivíduos, segundo essa concepção de educação expressa no referido relatório, estarão preparados para viver juntos, participando de forma ativa, empreendedora e protagonista do que ele considera uma nova fase da humanidade, respeitando os limites e a diversidade de culturas, enfim, uma **sociedade coesa**. Essa visão da sociedade esconde o antagonismo de classes, típico da sociedade capitalista.

Considerando-se o exposto até aqui se pode perceber que era necessária uma nova produção teórica no campo educacional para sistematizar e difundir essas ideias de mudança e **ajudar** os países a aplicar nos seus sistemas de ensino, uma nova proposta para o setor.

É nesse contexto que Philippe Perrenoud lança, em 1997, *Construire des compétences dès l'école*, pela ESF éditeur, cuja tradução é *Construir as competências desde a escola*, publicado em livro, no Brasil, pela Artmed Editora, em 1999. Essa obra, distribuída nas escolas públicas de todo o país, apresenta, na primeira frase da introdução um questionamento apontando que a educação precisa ser modificada. O autor em questão quer saber: "vai-se à escola para adquirir conhecimentos, ou para desenvolver competências?" (Perre-

---

4. Forma de organizar o processo de trabalho que nasceu na fábrica da Toyota Motor Co. a partir de sucessivas inovações experimentadas ao longo de vinte anos pelo seu idealizador, Taiichi Ohno, engenheiro da Toyota, que, a partir de suas experiências nos teares das fábricas têxteis, começa a modificar a tarefa e a qualificação do homem em seu trabalho (Oliveira, 2004).

noud, 1999, p.7). Essa pergunta aponta que o pensamento do autor privilegia o desenvolvimento das competências em detrimento do conhecimento. Esse livro chega também às escolas para explicar o novo conceito e qual a escolha correta a ser adotada em relação aos conhecimentos. **Competência** tornou-se a palavra de ordem nos diversos sistemas educacionais, como se pode verificar nos Parâmetros Curriculares Nacionais (1999) e sua atualização na Proposta Curricular do Estado de São Paulo (SEE, 2008).

Para encaminhar e acelerar as reformas e **tirar a educação da crise** apontada no Relatório da Unesco, ele afirma categoricamente que "o desenvolvimento mais metódico de competências desde a escola pode parecer uma via para sair da crise do sistema educacional" (Perrenoud, 1999, p.15).

A questão posta pelo autor suíço indica que a escola atual está organizada para transmitir conhecimentos, ao passo que as mudanças ocorridas no mundo necessitam de indivíduos que tenham certas competências para viver em sociedade, ser solidário, aceitar o outro como ele é, dialogar com múltiplas culturas, lutar por seus direitos, enfim, ser um cidadão.

Retomando a ideia de que a escola precisa ser reformada, Perrenoud considera que é praticamente impossível cobrir programas extensos de conhecimentos sem abrir mão da construção das competências. Para o autor, as competências "são *aquisições,* aprendizados construídos, e não virtualidades da espécie" (Perrenoud, 1999, p.21). Embora explicite que conhecimento e competências se completam, considera que a ênfase deve ser nas competências e não nos conhecimentos, pois "as competências estão no fundamento da flexibilidade dos sistemas e das relações sociais" (Perrenoud, 1999, p.12).

No modelo de organização do trabalho a partir da flexibilização das relações de produção, o capital passou a contratar profissionais com outras qualificações, além das exigidas pelo especialista, visando atender às necessidades dos diversos setores da produção. Na educação, a prática das competências ajusta os sistemas de ensino aos interesses do capital, flexibilizando o currículo com o argumento de que com essa flexibilização a empregabilidade estaria garantida. Como as competências precisam ser adquiridas é necessário que elas sejam ensinadas e que o indivíduo possa treiná-las e exercitá-las, uma vez que "a construção de competências passa por um treinamento organizado, desde o ensino fundamental" (Perrenoud, 2005, p.129). É assim que se configura a escola defendida por Perrenoud, no livro *Escola e cidadania: o papel da escola na formação para a democracia*, que deve abrir mão do currículo enciclopédico, pois uma "pedagogia das competências deve ser também uma pedagogia diferenciada, uma pedagogia que individualize os percursos de formação" (Perrenoud, 2005, p. 78).

Nessa mesma obra, o autor defende a ideia de que a cidadania está em crise e que a democracia não tem contribuído para diminuir as relações desiguais nas sociedades modernas. O número de miseráveis, a taxa de desemprego e exclusão nas suas diversas formas tem atingido índices assustadores. Para solucionar tais problemas ele propõe que a escola ensine cidadania e democracia. A sua concepção de cidadania pressupõe que

> não se pode negar [...] que as sociedades contemporâneas enfrentam exigências cada vez maiores. Hoje a questão é promover a coexistência em uma sociedade de pessoas pertencentes a diferentes etnias, nacionalidades e culturas, que não falam a mesma língua, que não têm os mesmos valores e os mesmos modos de vida. Ao mesmo tempo, o respeito às diferenças avançou e o aparelho estatal não tem mais como enquadrar todos ao mesmo molde cívico. (Perrenoud, 2005, p.21-22)

Essa é uma interpretação de cidadania que, para Odalia (2006, p.168), foi construída a partir da Revolução Inglesa, no século XVII, "passando pela Revolução Americana e Francesa e, muito especialmente pela Revolução Industrial, por ter sido esta que trouxe uma nova classe social, o proletariado, à cena histórica". Essa é uma visão burguesa de cidadania. Nela, cabe aos cidadãos lutar pelos seus direitos, e promover a coexistência social, é fazer a adaptação dos indivíduos ao atual modelo capitalista. Promover a coexistência social é, em última análise, deixar de transformar as relações capitalistas, que desumanizam o ser humano.

Perrenoud considera que cabe também à escola, ensinar os princípios democráticos. Segundo ele,

> [...] a democracia passa também pelo livre confronto de opiniões, em uma alegre desordem que proporciona a cada um a liberdade de encontrar seu caminho e de construir seu pensamento, sem ter de demonstrar permanentemente rigor e autocrítica. Esta forma de diálogo, indispensável às representações sociais, não deve mascarar a importância de uma ou outra forma, aquela que conduz a um relativo consenso, necessário às decisões democráticas e racionais. (Perrenoud, 2005 p.54)

É uma concepção de democracia que está circunscrita aos interesses da burguesia em manter a sociedade como está. O confronto de opiniões se dá no campo das ideias. Caberá àqueles que não concordam com essa sociedade existente procurar **seu** caminho, construir **seu** pensamento, usando **sua** liberdade. Só não poderão mudar a sociedade construída **democraticamente**. Não poderão se sublevar colocando em risco a propriedade privada da burguesia, nem subverter a ordem social vigente na sociedade capitalista.

No entanto, dar relevância ao que as pessoas fazem individualmente retira a dimensão social do que elas estão decidindo. Isto é próprio do Liberalismo. Essa forma de pensar ancora-se na concepção de indivíduo formulada por Locke, apresentada no primeiro capítulo. Ele atualiza o pensamento Lockeano. Assim, para Perrenoud, a democracia e a cidadania se restringem à participação e ao debate, cabendo à escola possibilitar que isso aconteça. Entretanto, para aquele autor, a cidadania está em crise e a escola é a responsável por isso, uma vez que

> [...] os programas *não são feitos para favorecer o debate*, apesar das magníficas declarações de intenções, simplesmente porque são sobrecarregados demais e induzem os professores a privilegiar a transmissão eficaz de um grande número de conhecimentos em detrimento de uma construção comum em um procedimento de projeto e de debate. (Perrenoud, 2005, p.40)

Dessa forma, o currículo baseado na transmissão do conhecimento não permite o debate e, portanto, deve ser substituído. Um currículo que privilegie a aquisição das competências e o ensino da cidadania e da democracia resolveria a crise da escola e da própria sociedade. Por isso, Perrenoud passa a combater o **saber enciclopédico**, deixando mais explícito ainda em outra passagem de seu texto que o problema está na organização do currículo:

> Para que a cidadania seja construída no saber, **é preciso abrir mão de dois terços das noções ensinadas, ir ao essencial, para construí-lo mais lentamente**, progressivamente, dialeticamente, no tateio, na busca e no debate. (Perrenoud, 2005,p.54, grifos meus)

Para o autor suíço, a escola deve substituir os conhecimentos atualmente ensinados pelo debate e pela noção de cidadania. Tanto o debate quanto a cidadania tornariam a escola mais democrática e as pessoas participariam mais, transformando, assim, a escola e a sociedade, possibilitando a convivência, a aceitação do outro e a tolerância. Dessa forma, as pessoas chegariam finalmente a um mundo cuja **coesão** sairia da utopia e se tornaria uma realidade, conforme exposto no Relatório da Unesco. Assim, o debate e a luta pelos direitos transformam-se em competências a serem desenvolvidas pela escola.

Na proposta de Perrenoud, a abordagem por competências assume o lugar anteriormente ocupado pela transmissão do conhecimento. A escola passa a treinar as competências e há um esvaziamento do currículo. Esse esvaziamento pode ser verificado, por exemplo, na Proposta Curricular do Estado de São Paulo (SEE, 2008), citada anteriormente, em que se restringem as aulas a uma série de atividades em grupo ou individuais, considerando o aluno como protagonista do próprio conhecimento. Em nossa análise, isso significa que os alunos saberão cada vez menos para atuar num mundo cada vez mais competitivo.

O aumento da competitividade na busca de vagas no mercado de trabalho ampliou a demanda por um profissional polivalente capaz de acionar várias competências quando assim exigido e, em decorrência disso, a educação foi eleita como estratégica para se agir diante da velocidade das mudanças. A postura dos partidários do novo ideário escolar é clara: não basta apenas educar, é preciso assegurar o desenvolvimento de **competências**, pois a "noção de competência está em voga nas empresas e no mundo profissional" (Perrenoud, 2005, p.74). As competências a serem desenvolvidas pela escola devem preparar o aluno para viver em sociedade no século XXI para que esse possa

[...] governar sua existência, construir uma família, trabalhar, enfrentar o desemprego sem se destruir, votar, participar, formar-se, organizar seu lazer, gerir seus bens, ter uma certa independência em face das mídias, cuidar de sua saúde, compreender o mundo. (Perrenoud, 2005,p.70)

Os propósitos elencados na citação acima despertam no leitor uma tendência à concordância. Enfrentar o desemprego, constituir família, trabalhar, cuidar da saúde, compreender o mundo, tornam-se valores nobres e **necessários** para se viver. Elas são competências úteis, necessárias e formadoras do cidadão e o autor deixa claro que elas não se destinam a todos ao afirmar que

[...] é fundamental não esquecer que definir competências básicas para o século XXI é um privilégio de países fortemente escolarizados, suficientemente ricos para dispor dos meios para formular e pôr em prática uma política de competências e cujo maior desafio não é mais a simples sobrevivência. (Perrenoud, 2005, p.107)

Essa passagem faz pensar nos limites do conceito e do trabalho por competências. É uma abordagem que se restringe aos países desenvolvidos. No entanto, essa ideia tem sido aplicada também nos países em desenvolvimento, principalmente na rede pública de ensino, com o apoio da Unesco. Isso permite concluir que as competências podem assumir significados sociais e políticos diferentes. Nos países em desenvolvimento, como o Brasil, essas competências contribuem com a acumulação do capital, e seu uso no universo escolar se destina a auxiliar na adaptação dos alunos a este modelo de sociedade e, posteriormente, ao mercado de trabalho. A ideia de que as competências são ferramentas importantes no desenvolvimento das nações é um discurso vazio, uma estratégia retórica para convencer setores indecisos e contrários a essas mudanças curriculares. No entanto, no dizer do próprio Perrenoud (2005, p.98), essa abordagem "provoca dois tipos de críticas: primeiro, o desenvolvimento de competências voltaria às costas ao desenvolvimento e segundo submeteria os trabalhadores à lógica das empresas". Desse modo, alguns autores como Silva Filho (2003) e Hirata (2003) têm feito a vinculação das competências com o desenvolvimento do modo de produção capitalista, considerando que as empresas se beneficiam com a pedagogia das competências. Isto nos permite afirmar que o capital continua se utilizando da escola para a sua manutenção, expansão e reprodução.

Outro autor escolhido para ilustrar a análise da crise da escola é Moacir Gadotti. Segundo esse autor,

> Vivemos uma época de plena crise do sistema educacional. Só que, diante da organização da sociedade civil, o Estado já não tem condições de impor uma nova política educacional. O governo perdeu a legitimidade de todas as propostas porque não usa o consenso para elaborá-las. Ao contrário. Utiliza-se da força para impô-las. [...] Por isso, as propostas alternativas em educação devem ser buscadas na sociedade civil. (Gadotti, 2003, p. 165)

Para esse autor, a crise não é interna à escola, mas surge a partir da reorganização da sociedade que pressiona o Estado. Como esse Estado não tem legitimidade para fazer propostas, pois é um Estado autoritário, essas deverão vir da própria sociedade, a partir de suas organizações, como fóruns, movimentos sociais, Igrejas, etc. Essas organizações são centros de formação do cidadão sendo o Fórum Social Mundial um desses grandes centros de formação do mundo hoje, no sentido, sobretudo, de alternativa ao neoliberalismo, porque ele é um ator político e, ao mesmo tempo, é um espaço livre, auto-organizando, combinando as duas coisas como evento e como processo. Esse seu fazer é políticopedagógico, no sentido de que todo projeto político é pedagógico. E ele então é um grande educador. (Gadotti, 2007, p.2)

Como podemos observar, para Gadotti, a educação tem um sentido mais amplo e vai além da escola e, portanto, quem tira a escola da crise é a sociedade organizada na luta pelos seus direitos. Essas organizações surgem, então, como alternativas ao projeto neoliberal. Nesse sentido, **Um outro mundo é possível**, como lembra o lema do Fórum Social Mundial (FSM). São outros mundos possíveis, nos quais se respeita a diversidade e privilegia-se o diálogo (Gadotti, 2007).

O Fórum Social Mundial é um grande educador, como diz Gadotti, no entanto, os próprios organizadores do fórum privilegiam a discussão sobre educação em um momento específico criando, assim, o Fórum Mundial de Educação. Nesses fóruns, delineia-se a educação proposta por essa organização, como indica o Fórum Mundial de Educação, ocorrido na cidade de São Paulo, em abril de 2004:

> [...] o tema do fórum, **educação Cidadã para uma Cidade Educadora**, acabou tendo como lema informal **outra educação é possível**, repetido exaustivamente pelos debatedores, lembrando o "**Outro mundo é possível**", do Fórum Social Mundial [...] no primeiro dia dos debates, a grande estrela — pelo menos para os estudantes, professores e pedagogos presentes — era o professor Rubem Alves, que, junto com Moacir Gadotti, Danilo Streck e Carlos Rodrigues Brandão, participou da conferência "**Paulo

Freire: Educação Cidadã como Prática da Liberdade". (Jones Rossi, enviado especial do portal ao FME – grifo nosso)

Esses fóruns são palcos de discussões e deliberações das estratégias de lutas pelos direitos sociais e civis, consignados na Carta Magna. Assim os indivíduos **participam de forma ativa** dessa sociedade, acreditando que as mudanças decorrem da sua ação. Nessa mesma direção, acreditam que participando ativamente da escola, eles são capazes de impedir a aplicação das políticas neoliberais em curso. Com entusiasmo, Gadotti (1988, p. 15) traduz esse clima nas escolas afirmando que "nunca nossas escolas discutiram tanto autonomia, cidadania e participação. É um dos temas mais originais e marcantes do debate educacional brasileiro de hoje".

A perspectiva dessas mudanças vislumbradas por esse educador se aproxima tanto do Relatório da Unesco quanto do pensamento de Perrenoud em várias passagens. Em uma delas, Gadotti (1988, p.17) defende que "a escola deve formar para a cidadania". Nessa mesma direção, Perrenoud (2005, p.41) também defende "uma educação específica para a cidadania". As aproximações não param por aí e se acentuam quando passam a defender a participação como forma de mudança social, cuja concepção deriva da ideia de que a cidadania só tem sentido se for ativa. Isso pode ser verificado na seguinte passagem:

> [...] a educação ao longo de toda vida torna-se assim, para nós, o meio de chegar a um equilíbrio mais perfeito entre trabalho e aprendizagem bem como ao **exercício de uma cidadania ativa**. [...] Qualquer reforma devia ter por objetivo diversificar a estrutura do ensino e preocupar-se mais, não só com os conteúdos, mas também com a **preparação para a vida ativa**. (Delors, 2006, p. 105-136, grifo nosso)

Ao enfatizar que **toda escola pode ser cidadã** enquanto realizar uma concepção de educação orientada para essa finalidade, Gadotti e Romão (1988, p. 23) evidenciam que ela tem compromisso com "a **formação para a cidadania ativa**: acreditamos que a escola pode incorporar milhões de brasileiros à cidadania e deve aprofundar a participação da sociedade civil organizada nas instâncias de poder institucional". As formulações aqui elencadas objetivam a formação do cidadão, tanto para o representante da Unesco, quanto para Gadotti. E "cidadão é aquele que participa do governo; e só pode participar do governo (participar na tomada de decisões) quem tiver poder e tiver liberdade e autonomia para exercê-lo" (Gadotti e Romão, 1988, p. 26-27). Com essa mesma compreensão, o Relatório da Unesco considera que "o que está em causa é, de fato, a capacidade de cada um se comportar como verdadeiro **cidadão**, consciente das vantagens coletivas e sociais de **participar** na vida democrática" (Delors, 2006, p. 54, grifo nosso). Assim, o cidadão é alguém que participa de forma ativa da sociedade, que luta pelos seus direitos, que se preocupa com os outros, com o meio ambiente, com a escola, com os problemas da sociedade. Ele faz passeata em defesa do ipê rosa, contra o desmatamento e a queimada, a favor da iluminação e do asfaltamento das ruas nos bairros da periferia, está sempre presente nos grupos da Igreja, do sindicato, enfim, é um indivíduo ativo e consciente. Esse é o resultado esperado pela formação humana, que na perspectiva da Unesco "deve levar cada um a tomar consciência de si próprio e do meio ambiente que o rodeia, e a desempenhar o papel social que lhe cabe enquanto **trabalhador e cidadão**" (Delors, 2006, p. 18, grifos meus).

Esse ideário proposto pela Unesco não é diferente do que é defendido pelos que criticam as políticas neoliberais, apresentando-as como alternativas à crise do fordismo e do Estado de Bem-Estar, conforme já apresentado anteriormente. Em entrevista concedida à revista *Caros Amigos*, Gadotti (*Caros Amigos*, 2010, p.15), novamente se aproxima do pensamento de Delors, pois para ele

> [...] o sucesso ou fracasso depende muito da capacidade da pessoa ter iniciativa, saber falar, saber defender seus direitos e também defender o que eu falo, através da participação, através da criação. Eu não estou muito preocupado com o ranking, **estou preocupado em formar o cidadão**. Tirar o cidadão da miséria que está ai, a educação pode ajudar e transformá-lo em cidadão.

Reduzir o ser humano à condição de cidadão é circunscrevê-lo à sociedade burguesa. Embora as táticas desses dois autores sejam distintas, convergem para a mesma finalidade: a formação do cidadão. Em momento algum se falou em emancipação humana, apenas na emancipação política, no campo dos direitos políticos, no qual ele é controlado. Se a cidadania fosse útil para emancipar o ser humano, ela seria proibida pela burguesia.

Outra abordagem sobre a escola é a apresentada por Rubem Alves na obra *Por uma Educação Romântica* (2003).

O autor não faz referência direta à crise da educação, mas sua crítica ao atual modelo de ensino tem repercutido de forma significativa, tanto entre empresários, quanto professores e a comunidade em geral. Escrito por meio de crônicas, apresenta suas discordâncias sobre a escola e sobre o currículo, ao afirmar que

> Não sei quantas horas gastei estudando análise sintática. Mas eu não tenho a menor ideia da sua utilidade. Se me disserem que é para falar e escrever português melhor eu contesto. **Eu aprendi a escrever lendo e escrevendo. As crianças pequenas**

aprendem a falar falando. Falariam com sotaque se tivessem de aprender a falar em aulas formais. Você sabe resolver uma equação de segundo grau? Eu sei. Aprendi no ginásio. Só que não tenho a menor ideia da sua utilidade. Nunca me ensinaram. Ensinaram-me a manipular uma ferramenta, mas não me disseram para que ela serve. Você sabe as causas da guerra dos Cem anos? Eu sei. Aprendi estudando com minha filha, quando ela se preparava para o vestibular. Só que nem eu nem ela sabemos o que fazer com tal informação. Uma coisa é certa: nunca iremos conversar sobre a guerra dos Cem Anos com os nossos amigos. O que eu disse da equação do segundo grau e da Guerra dos Cem Anos se aplica a maioria das coisas que as crianças e os adolescentes são obrigados a estudar e a devolver aos professores, na forma de avaliações. Avaliações que nada avaliam porque, felizmente, logo a maioria do supostamente aprendido é esquecido. Concluirão que os métodos de ensino foram inadequados. Discordo. **O problema não está nos métodos de ensino. O problema se encontra naquilo que foi ensinado. Aquilo sobre o que se fala tem de estar ligado à vida. O conhecimento que não faz sentido é prontamente esquecido.** (Alves, 2003, p.148-149, grifo nosso)

Embora ele não afirme que deva haver a redução dos conteúdos, suas ideias levam invariavelmente a isso. Limitar o conhecimento ao cotidiano e negar a transmissão do saber historicamente acumulado pela humanidade é, portanto, modificar o currículo e reduzi-lo. Essa ideia se aproxima da proposta de Perrenoud anteriormente citada.

Ao analisar essas ideias, chama a atenção o fato de o autor em questão ter passado por todos os estágios escolares até a universidade. Isso demonstra a importância do conhecimento por ele aprendido, sem o qual não teria ocupado a

pró-reitoria de graduação da Universidade de Campinas--SP. Só é possível abrir mão do conhecimento quem já o tem. Os pais dos alunos, principalmente os mais pobres, têm consciência de que o acesso ao conhecimento é necessário para melhorar o futuro dos seus filhos, gerando novas oportunidades (Saviani, 1987). Nesse sentido, é preciso garantir que o conhecimento seja apropriado pelos alunos e o papel da escola, ao contrário do que afirma Perrenoud e sugere Alves, é "possibilitar o acesso das novas gerações ao mundo do saber sistematizado" (Saviani, 1991 p.80).
Citando vários autores de forma vaga e esparsa, Rubem Alves vai a busca de passagens que possam explicitar o que ele considera como educação. O texto passa, assim, a delinear o seu princípio pedagógico. A esse respeito ele afirma:

> [...] elaborei um principio pedagógico, que diz que **a aprendizagem acontece no espaço habitado, espaço onde criança, sensações, sentimentos, bichos, coisas, ferramentas, cenários, situações, pessoas e atividades acontecem e formam um mundo.** Eram os **objetos do cotidiano**, a gente não precisava de enciclopédia para fazer pesquisa. **Pesquisa se fazia com os cinco sentidos e a curiosidade** [...] Segundo o que penso, e seguindo minha filosofia da aprendizagem, o corpo aprende apenas aquelas coisas com as quais está em contato. **A aprendizagem é uma função do viver.** [...] **a aprendizagem começa com os sentidos: o ver, o ouvir, o cheirar, o tocar, o gostar.** (Alves, 2003, p. 154-156, grifos nossos)

A concepção de aprendizagem e de indivíduo para Alves está circunscrita ao mundo concreto. Para ele, a educação acontece quando a criança entra em contato direto com o que está próximo de si, não havendo necessidade de que alguém a ensine ou mostre, pois para ele "ser adulto é ser cego" (Alves, 2003, p.167).

Esse desprezo pelo saber teórico é a instalação do processo do **recuo da teoria** em que,

> [...] a discussão teórica tem sido gradativamente suprimida das pesquisas educacionais, com implicações políticas, éticas e epistemológicas que podem repercutir, de curto e médio prazos, na própria produção de conhecimento na área. A celebração do 'fim da teoria'-movimento que prioriza a eficiência e a construção de um terreno consensual que toma por base a experiência imediata ou o conceito corrente de 'prática reflexiva' se faz acompanhar da promessa de uma utopia educacional alimentada por um indigesto pragmatismo. (Moraes, 2003, p.153)

A proposta de Alves insere-se no pragmatismo apontado acima. Dessa forma, o autor não propõe uma mudança no currículo, nem a adequação desse ao mundo do trabalho, pois, para ele, o conhecimento deve partir do meio em que a criança está e de seus interesses, deixando de lado a transmissão do saber sistematizado.

O referido livro apresenta um retrato preciso de alguém que não se incomoda de viver na **terra do nunca,** recusando-se a crescer e utilizando de forma metafórica o que pode ter ocorrido na sua infância. O meio impulsiona a criança para aprender, dispensando o conhecimento científico. Nesse sentido, é bastante ilustrativo o relato feito pelo autor sobre sua infância onde esclarece que

> A gente aprendia por conta própria, movidos por uma curiosidade incontrolável. [...] A cena esta absolutamente clara na minha mente, como se fosse agora: eu, agachado diante de um ninho onde uma

galinha se esforçava por botar um ovo. Imóvel, não se perturbava com a minha proximidade, olhos arregalados, o esforço era demais, e no orifício traseiro, róseo, o ovo aparecia. Como profecia de um médico que não fui eu fazia o "toque" para ver se faltava muito. Botado o ovo, eu o levava triunfante para a cozinha, onde o feto seria transformado em ovo frito. (Alves, 2003, p. 153-154)

Uma criança que mora no meio rural terá um conhecimento restrito ao meio em que vive. Ela conhecerá plantas, animais e minerais na sua forma real e concreta. Será testemunha ocular do nascimento de muitos animais e vegetais, mas isso não implica o conhecimento do processo de reprodução tanto dos vegetais quanto dos animais. Sua experiência será rica sobre formas e cores, sabores e odores, mas não sairá do senso comum, do que é prático. Sobre a criança urbana, nada é informado. Somente a respeito daquela criança que o autor foi e que nasceu e viveu a sua infância no meio rural. Parece mesmo um retrato da vida de quem escreve. A relação dessa criança é sempre com o meio natural no qual ele parece ser o único da espécie humana. O desenvolvimento cultural e social, quando aparece, é secundarizado, pois a criança aprende apenas o que seus sentidos permitem que ela aprenda. Isso reduz o indivíduo ao universo biológico, uma forma de vida menos desenvolvida que o estágio atual da humanidade.

A esse respeito consideramos que o indivíduo é um ser historicamente situado, produtor e produto de certa cultura, que também é histórica. Além do desenvolvimento orgânico, o indivíduo também se desenvolve culturalmente. Mas para que esse desenvolvimento ocorra é necessário que o indivíduo se utilize dos produtos culturais, tanto aqueles da cultura material como aqueles da cultura intelectual.

Essa apropriação da cultura pela criança é mediatizada pelos adultos que já se apropriaram dela, isto é, o processo de apropriação é um processo mediatizado, um processo que exige a interação entre adultos e crianças. A transmissão pelo adulto à criança, da cultura construída na história social humana é determinante para que o seu desenvolvimento pleno aconteça. No entanto, para Rubem Alves (2003, p.80) "a questão não é ensinar as crianças. A questão é aprender delas. Na vida de uma criança a gente vê o pensamento nascendo – antes que a gente faça qualquer coisa". O que uma criança pode ensinar a um adulto, na perspectiva daquele autor decorre da sua concepção de ensinar e de educar. Isso fica evidente quando ele afirma que:

> Minha estrela é a educação. Educar não é ensinar matemática, física, química, português. Essas coisas podem ser aprendidas nos livros e nos computadores. Dispensam a presença do educador. Educar é outra coisa. [...] A primeira tarefa da educação é ensinar a ver. O mundo é maravilhoso, está cheio de coisas assombrosas. A contemplação das coisas assombrosas que enchem o mundo é um motivo de riso e felicidade. Coisas que podem ser ensinadas são aquelas que podem ser ditas. [...] Os cientistas, filósofos e professores são aqueles que se dedicam a ensinar as coisas que podem ser ensinadas. [...] O que pode ser ensinado são as coisas que moram no mundo de fora. (Alves, 2003, p.192-193-204-205)

Essa forma de pensar a educação, apenas no campo dos sentidos, transforma o indivíduo em alguém **centrado em si mesmo,** pois os sentidos são singulares e, portanto, **suas** conclusões são produtos das **suas** elaborações. Não existe a ideia do outro, pois a aprendizagem é individual. Rubem Alves atualiza a concepção burguesa de indivíduo, formulada por Locke ao transformar esse indivíduo que aprende sozinho em um proprietário de um conjunto de informações decorrentes de sua experiência. Sem o outro, ele se torna um indivíduo fechado em si mesmo e autossuficiente, conforme já discutido no capítulo anterior. Os exemplos utilizados em seu livro referem-se a sua infância, ao que ele aprendeu de forma prática, desprezando, portanto, toda sua formação acadêmica, responsável, em última análise, pela possibilidade desse autor escrever sobre educação. De outra forma, sem esse saber que considera inútil ele jamais teria tido o desempenho acadêmico que teve e tem.

Finalizando este capítulo, podemos afirmar que há mais concordâncias do que divergências entre os autores analisados. Ao defenderem, por razões diferentes, os mesmos conceitos, eles mantêm a integridade da concepção burguesa de indivíduo e, consequentemente, a crise da escola. Delors e Perrenoud propõem uma série de políticas como alternativas ao Estado de Bem-Estar visando superar o esgotamento da acumulação capitalista do período pós-guerra. Suas ideias são a antítese daquele modelo. Gadotti tentou e ainda tenta superar esse modelo capitalista criticando as políticas neoliberais e defendendo que **um outro mundo é possível**, uma outra escola e uma outra sociedade são possíveis. Tanto os dois primeiros quanto este último defendem suas alternativas dentro do Estado burguês, sem rupturas, mantendo o modo de produção capitalista, ou acreditando que ele pode ser humanizado. Em nenhum momento discutem uma concepção de indivíduo que supere a burguesa. Ao contrário, defendem soluções para os problemas decorrentes da concepção burguesa de indivíduo pelos mesmos conceitos que sustentam o ideário burguês. Ao fazer isso, igualam-se, embora pensem que estejam fazendo uma crítica tanto ao Estado quanto ao indivíduo burguês. Cidadania, democracia e participação são concepções burguesas dadas, *a priori*, criando uma expectativa de mudanças limitadas e que, exatamente por isso, são permitidas. Desse modo, a crise da escola é mantida intocada por esses autores, pois a concepção de indivíduo que a sustenta se mantém intacta.

É claro que esses autores não proporão mudanças radicais devido aos limites de seus projetos de sociedade. Mas é necessário superar a crise da escola, decorrente da crise do indivíduo burguês, de acordo com o que foi defendido neste texto. Essa é uma tarefa para o terceiro capítulo, no qual serão apresentadas as propostas para a superação dos fundamentos da sociedade burguesa, rejeitando a pedagogia das competências, a democracia e a cidadania como eixo articulador das relações sociais. Defender as competências na educação é dar sobrevida ao capitalismo, contribuir com a concentração do capital e com a exclusão da maioria dos indivíduos. É para isso que as competências são úteis, para desenvolver e concentrar o capital. Nesse sentido, trabalhar por competências significa desenvolver indivíduos alienados, pois a maioria tem sido impedida de se apropriar da riqueza material e intelectual e de se enriquecer por meio das obras humanas.

A superação da concepção burguesa de indivíduo e, por conseguinte, do indivíduo concreto e a implicações da crise da escola é o que discutiremos no próximo capítulo.

Capítulo 3

Para Além da Crise da Escola

1. Introdução

Apontamos no primeiro capítulo o nascimento e a ascensão da burguesia, bem como a formulação da concepção burguesa de indivíduo, modelo ideal de ser humano preconizado por aquela classe social. Com base no pensamento de Hobbes e Locke, desenvolvemos a partir das categorias liberdade e autonomia, o processo de constituição da concepção burguesa de indivíduo. Ela pressupõe um indivíduo **competidor, autocentrado e egoísta, capaz de se fazer por si mesmo**. Trata-se de uma concepção que atribui ao talento e ao mérito o fator de ascensão e desenvolvimento pessoal, responsabilizando o indivíduo pelo **seu** sucesso ou o **seu** fracasso.

Ao ser responsabilizado pelo seu fracasso, o indivíduo não poderá reivindicar sua autonomia nem sua liberdade, pois entrará em conflito com os interesses da classe que o domina, a burguesia. Esse domínio decorre da venda da força de trabalho ao dono dos meios de produção, o burguês, e ao contrato social gerido pelo Estado, dominado pela burguesia. Sem perspectivas de mudanças e sem as condições de ascender socialmente, esse indivíduo entra em crise. Essa crise não é da singularidade dos seres humanos, entendida como possibilidade, ou seja, alguns podem desenvolvê-la e outros não. A crise a qual nos referimos é a do indivíduo burguês que considera que os capacitados são os proprietários, embora a propriedade privada seja privilégio de poucos.

A educação, a partir do século XVII, destinava-se a formar o *gentleman*, modelo burguês de indivíduo com as características já descritas. Todos deveriam ser preparados para viverem como *gentleman*. Porém, além dessa formação, na escola dos filhos dos proprietários, desenvolviam-se o saber científico e os conhecimentos mais avançados por um tempo maior de escolarização. Na escola dos filhos dos não proprietários, transmitiam-se os saberes destinados ao exercício de um ofício e de trabalhos manuais. Resulta dessa ideia uma escola dualista, formando um mesmo modelo de indivíduo, mas com atribuições diferentes na sociedade, uns para o exercício do poder e do mando e outros destinados à mão de obra.

Ao configurar o modelo burguês de indivíduo, como o ideal, essa escola incute a possibilidade de que todos sejam proprietários. No entanto, como isso não é possível devido à própria estrutura e dinâmica do capitalismo, o **fracasso é creditado ao indivíduo que não foi capaz de aproveitar as oportunidades dadas**. Dessa forma, a crise do indivíduo burguês instala-se na escola.

Partindo desse pressuposto, discutimos no segundo capítulo, as ideias de alguns autores contemporâneos que têm se dedicado a estudar a crise da escola. Esses autores propõem a mudança no currículo com o objetivo de resolver a referida crise. Para eles a crise advém apenas da escola que não se atualizou e, portanto, é necessário suprimir parte dos conhecimentos ensinados e substituí-los pelo treinamento de competências e habilidades para que a crise seja superada.

Ressalta-se que essas mudanças propostas aplicam-se apenas às escolas dos filhos dos não proprietários, ao passo que os filhos dos proprietários continuam se apropriando dos saberes científicos, pois a escola continua burguesa e, portanto, dualista. Alguns desses autores difundem a ideia de que o currículo enciclopédico é a causa da crise da escola e não a do indivíduo burguês que ela reflete.

Esses autores propõem que a veiculação do conhecimento produzido pela humanidade seja acompanhada da discussão e do debate da cidadania e da democracia. Isso implica reduzir a veiculação desse conhecimento pela escola. É importante ressaltar que os conceitos de cidadania e democracia têm sua origem nas revoluções burguesas do século XVIII e sua discussão na escola atualiza a formação do *gentleman* e, como naquele período, cria a expectativa e a ilusão da igualdade de oportunidades para todos. A incorporação desses conceitos induz o indivíduo a acreditar que é possível a transformação da sociedade por meio da participação. Porém, essa participação que é dada *a priori* está circunscrita aos direitos civis limitando-se assim, a emancipação apenas ao campo político.

A proposta de discussão desses conceitos, as competências e habilidades e as mudanças no currículo não são suficientes para tirar a escola da crise, pois se trata de uma adequação da escola ao modelo produtivo, que passou e ainda passa por ajustes nas últimas décadas desde a implantação do neoliberalismo. Dessa forma, "a educação é pensada sempre como decorrência do perfil do novo trabalhador fabril, das metamorfoses do mundo do trabalho, da empregabilidade, da crise econômica, etc." (Arroyo, 1999, p. 18). Com o discurso de resolver a crise da escola, aqueles autores ratificam os princípios da educação burguesa criando a ilusão de que as transformações sociais se dão a partir da escola e que uma vez implantadas as mudanças no currículo, todos teriam as oportunidades desejadas, pois a qualificação estaria garantida e com ela a empregabilidade. No entanto, essa escola que aí está é um produto da sociedade e não o contrário.

Partindo dessas constatações, demonstraremos a seguir que os autores em questão não resolvem a crise da escola porque ela está diretamente ligada à crise do indivíduo burguês.

2. O Indivíduo burguês e o Ser Social

O desenvolvimento do indivíduo burguês está fundado no trabalho. É a partir da divisão do trabalho, que essa concepção se consolida. Por isso, optamos por discutir o trabalho na perspectiva burguesa e o processo de sua superação. Isso permitirá distinguir o indivíduo burguês de outro, pautado no Ser social.

O ser humano é o único animal que pode realizar trabalho, o que faz dele [trabalho] uma categoria ontológica, ou seja, relativa ao ser humano. O trabalho é "a atividade humana que transforma a natureza nos bens necessários à reprodução social. Nesse preciso sentido, é a categoria fundante do mundo dos homens" (Lessa, 2002, p.27). Essa Ontologia é a do Ser Social e como tal se distingue, radicalmente, das ontologias medievais para as quais o Ser último é Deus e, por isso, não pode ser confundida nem comparada com aquelas.

O Ser é uma totalidade composta de uma parte material e de outra espiritual, o que faz dele uma unidade, daí a sua indivisibilidade. Dessa forma, o trabalho, compreendido como categoria ontológica, não pode ser dividido. Com o uso da força física e intelectual o homem produz os bens necessários para sua existência e também produz a si mesmo. A esse respeito, Marx (2006, p.211-212) afirma que

> No fim do processo do trabalho aparece um resultado que já existia antes idealmente na imaginação do trabalhador. Pois o homem não transforma apenas o material em que trabalha. Ele realiza no material

o projeto que trazia em sua consciência. Isso exige, além do esforço físico dos órgãos que trabalham uma vontade orientada para um objetivo, vontade que se manifesta pela atenção e controle das operações durante o curso do trabalho.

O homem controla a elaboração e a produção decidindo o que fazer e porque fazer. Se o controle dessas funções do corpo fosse externo colocaria o controlado em vias de desumanização, pois o trabalho, como todos os processos vitais e funções do corpo, é uma propriedade ontológica e, portanto, inalienável do indivíduo. Nesse sentido, "músculos e cérebro não podem ser separados das pessoas que os possuem" (Braverman, 1987, p.56).

A divisão do trabalho tirou do indivíduo a possibilidade de decidir o que e para que produzir. Dessa forma, o trabalho parcelado criou dois tipos de indivíduos: os que pensam e os que executam. Essa separação transformou a ambos em indivíduos alienados.

Ao abordar o processo de alienação, separação entre o fazer e o pensar, sofrido por todos os trabalhadores, Marx assinala que um trabalhador, que durante sua vida, executa uma única operação, seja ela manual ou intelectual, se desumaniza, pois

> [...] transforma todo o seu corpo em órgão automático especializado dessa operação. Por isso, levará menos tempo em realizá-la que o artesão que executa toda uma série de diferentes operações. O trabalhador coletivo que constitui o mecanismo vivo da manufatura consiste apenas nesses trabalhadores parciais, limitados. Por isso, produz-se em menos tempo ou eleva-se a força produtiva do trabalho, em comparação com os ofícios independentes. Também aperfeiçoa-se o método do trabalho parcial, depois

que este se torna função exclusiva de uma pessoa. A repetição contínua da mesma ação limitada e a concentração nela da atenção do trabalhador ensinam-no, conforme indica a experiência, a atingir o efeito útil desejado com um mínimo de esforço. (Marx, 2006, p.394)

Dessa forma, fica claro que a divisão do trabalho é nociva ao trabalhador, mas bastante benéfica ao capitalista, pois esse processo acelera a produção e, portanto, aumenta a acumulação de capital. Assim, o trabalho é, ao mesmo tempo, uma categoria ontológica fundamental e, na sua forma capitalista, produtor de alienação e, portanto, de desumanização. Sobre o processo de alienação, Marx (2004, p.83) afirma que

> Primeiramente, o trabalho alienado se apresenta como algo externo ao trabalhador, algo que não faz parte de sua personalidade. Assim, o trabalhador não se realiza em seu trabalho, mas nega-se a si mesmo. Permanece no local de trabalho com uma sensação de sofrimento em vez de bem-estar, com um sentimento de bloqueio de suas energias físicas e mentais que provocam cansaço físico e depressão. Nessa situação, o trabalhador só se sente feliz em seus dias de folga enquanto no trabalho permanece aborrecido. Seu trabalho não é voluntário, mas imposto e forçado. O caráter alienado desse trabalho é facilmente atestado pelo fato de ser evidente como uma praga, desde que não haja a imposição de cumpri-lo. Afinal, o trabalho alienado é um trabalho de sacrifício, de mortificação. É um trabalho que não pertence ao trabalhador, mas sim à outra pessoa que dirige a produção.

O trabalho deveria ser, para o homem, fonte de humanidade e de realização. No entanto, ele se converte em desumanização, pois assim como o trabalho, o homem também foi convertido em mercadoria, tornando-se um ser estranho a si mesmo e aos outros. O processo de alienação exposto por Marx não se efetiva apenas no produto do trabalho, mas também no próprio ato de produção, que é resultado da atividade produtiva que também está alienada. Assim, na fase capitalista, a degradação do trabalhador que se dá pelo trabalho é exacerbada, expressão de uma relação social fundada na propriedade privada, no capital e no dinheiro. A alienação do trabalho conduz à mutilação do homem, subordinando-o à divisão do trabalho.

O parcelamento do trabalho cindiu o Ser do homem, separou o pensar do fazer, tornando o trabalhador apenas produtor de riquezas para outra pessoa sem que ele se aproprie da riqueza do seu trabalho. Juntamente com o desenvolvimento dessa forma de organização do trabalho, a burguesia foi forjando o indivíduo a partir dos seus interesses de classe.

Como foi identificada na divisão do trabalho, a constituição do indivíduo burguês considera-se que, para superá--la, é necessário recompor o trabalho como unidade ontológica. Essa unidade pode ser identificada em Marx (2006, p.211-212), quando ele afirma que

> [...] uma aranha executa operações semelhantes às do tecelão, e a abelha supera mais de um arquiteto ao construir sua colméia. Mas o que distingue o pior arquiteto da melhor abelha é que ele figura na mente sua construção antes de transformá-la em realidade. No fim do processo do trabalho aparece um resultado que já existia antes idealmente na imaginação do trabalhador. Pois o homem não transforma apenas o material em que trabalha. Ele realiza no material o projeto que trazia em sua consciência. Isso exige, além do esforço físico dos órgãos que trabalham,

uma vontade orientada para um objetivo, vontade que se manifesta pela atenção e controle das operações durante o curso do trabalho.

Essa afirmação deixa claro que no trabalho há uma unidade entre o pensar e o fazer, que foi quebrada e parcelada na divisão do trabalho. Para se recompor essa unidade é necessária outra forma de organizar a atividade laboral, em que o trabalhador pense, execute e se reconheça no produto de seu trabalho, levando ao fim o processo de alienação. Essas condições são favoráveis ao pleno desenvolvimento das capacidades individuais, sejam elas materiais ou espirituais. Assim, aos poucos, os indivíduos se apropriam das forças produtivas assegurando a sua existência. Mas isso só será possível em outra sociedade que não a capitalista. A passagem de uma sociedade a outra não ocorre de forma natural, pois a classe que domina uma determinada sociedade utilizará todos os meios para impedir que as transformações aconteçam. É preciso a instalação de um processo revolucionário é importante, pois

> [...] toda luta revolucionária dirige-se contra uma classe que até então dominou; que em todas as revoluções anteriores a forma da atividade permaneceu intocada, e tratava-se apenas de instaurar uma outra *forma* de distribuição dessa atividade, uma nova distribuição do trabalho entre outras pessoas, enquanto a revolução comunista volta-se contra a forma da atividade existente até então, suprime o *trabalho* e supera a dominação de todas as classes [...] tanto para a criação em massa dessa consciência comunista quanto para o êxito da própria causa faz-se necessária uma transformação massiva dos homens, o que só se pode realizar por um movimento prático, por uma *revolução;* que a revolução, portanto, é necessá-

ria não apenas porque a classe dominante não pode ser derrubada de nenhuma oura forma, mas também porque somente com uma revolução a classe *que derruba* detém o poder de desembaraçar-se de toda a antiga imundície e de se tornar capaz de uma nova fundação da sociedade. (Marx e Engels, 2007, p.42)

Não se trata, no dizer dos autores citados, de uma revolução qualquer. Trata-se da revolução comunista, que subverterá toda a estrutura da velha sociedade capitalista, instaurando uma nova ordem, na qual as necessidades sejam as humanas e não as da propriedade privada como acontece no capitalismo. Nessa nova sociedade desaparecem as classes sociais, pois nela também não haverá meios de produção de forma privada e o produto do trabalho não será apropriado por outro indivíduo. Do mesmo modo, o trabalho não será produtor de mais-valia e sim a plena realização do indivíduo.

Com o alto grau de desenvolvimento das forças produtivas e com a inserção da máquina nos mais variados setores de produção, será possível reduzir a jornada de trabalho para que o indivíduo tenha mais tempo livre. Isso é exatamente o contrário do que acontece na sociedade capitalista, na qual a máquina substitui o homem gerando o desemprego e o controle sobre o trabalhador, exaurindo suas forças. Com a redução da jornada de trabalho, desaparecerá o trabalho excedente, permitindo assim que a produção se restrinja ao necessário e não ao esgotamento dos recursos naturais e das forças físicas do trabalhador, como acontece no atual estágio de produção e mercantilização. Assim, a sociedade apontada por Marx e Engels (1996, p.47) é

> Onde cada um não tem uma esfera de atividade exclusiva, mas pode aperfeiçoar-se no ramo que lhe apraz, a sociedade regula a produção geral, dando-me assim a possibilidade de hoje fazer tal coisa,

amanhã outra, caçar pela manhã, pescar à tarde, criar animais ao anoitecer, criticar após o jantar, segundo meu desejo, sem jamais tornar-me caçador, pescador, pastor ou crítico.

Essa riqueza de possibilidades pode parecer até uma utopia, uma concepção abstrata de indivíduo. Essa abordagem é própria das formulações burguesas, quando difunde a ideia de que todos podem ser proprietários, dependendo do esforço e da participação ativa de cada um, cujo resultado é a construção de uma sociedade democrática e igualitária. Igualdade na sociedade burguesa é mesmo uma utopia, pois em uma sociedade de classes sociais antagônicas, como a burguesa, indivíduos iguais é uma abstração. Desse modo, essa concepção não considera que o próprio indivíduo é um produto social, determinado pelas relações sociais e de produção. Para Marx e Engels (1996, p.534) "a essência humana não é uma abstração intrínseca ao indivíduo isolado. Em sua realidade, ela é o conjunto das relações sociais". Fora dessas relações, o indivíduo é mesmo uma abstração.

Por outro lado, repercussões sociais como as já apontadas por Marx e Engels, decorrem do fim da divisão do trabalho e das transformações concretas da realidade, e que, portanto não produzem utopias ou indivíduos abstratos. Embora vislumbre o fim da divisão do trabalho, a nova sociedade continuará contemplando a divisão social do trabalho (agricultor, pedreiro, ferreiro, pastor, carpinteiro, etc) assim como o manejo e a técnica ligada aos instrumentos de trabalho.

A forma de trabalho numa possível sociedade comunista é apontada por Marx (2006, p.100, grifo nosso) como trabalho associado, organizado da seguinte forma:

> Suponhamos, finalmente, para variar, uma sociedade de **homens livres**, que trabalham com **meios de**

produção comuns, e empregam suas múltiplas forças individuais de trabalho, conscientemente como **força de trabalho social**. Reproduzem-se aqui todas as características do trabalho de Robinson, com uma diferença: **passam a ser socais, ao invés de individuais**. Todos os produtos de Robinson, procediam de seu trabalho pessoal, exclusivo e, por isso, eram, para ele, objetos diretamente úteis. **Em nossa associação, o produto total é um produto social**. Uma parte desse produto é utilizada como novo meio de produção. Continua sendo social. A outra parte é consumida pelos membros da comunidade

Assim, com a propriedade comum dos meios de produção, a propriedade privada seria abolida e o trabalho não mais uma mercadoria pertencente ao burguês proprietário e sim ao trabalhador que disporia dele de uma forma associada. Uma sociedade constituída nesses princípios tornaria os homens livres da exploração capitalista. A superação da antiga sociedade é fruto da luta histórica dos trabalhadores e, portanto, um ato histórico, revolucionário, que ultrapassa a concepção burguesa de liberdade, circunscrita ao pensamento, à expressão, ao ir e vir, etc.

O processo de organização do trabalho e de constituição da sociedade comunista, embora tenha relação com este livro, não é aqui objeto de estudo. Porém, é importante para compreender a passagem da divisão do trabalho na sua fase burguesa e vislumbrar uma nova sociedade capaz de configurar o trabalho na sua plenitude, apontando assim para uma nova concepção de indivíduo.

A constituição da concepção marxista de indivíduo parte do pressuposto de que a existência humana não é dada pela natureza, mas precisamente produzida por eles próprios, que de forma associada, decidem **o que, como** e **quanto** produzir segundo suas necessidades. Essa forma de produzir

101

a existência é, ao mesmo tempo, histórica e social. Histórica porque está inserida na totalidade das relações sociais de uma determinada época e social porque é um produto das relações sociais de todos os indivíduos, pois o que é produzido, o é, socialmente.

Essa existência é produzida por meio do trabalho, que é a essência humana. Esse trabalho é o oposto daquele que caracteriza a sociedade burguesa, parcelado, alienado e unilateral, já apresentado anteriormente. Assim, esse indivíduo, na concepção marxista, é um ser que produz socialmente e, nesse processo, produz a si mesmo. A autocriação é um fato histórico pertencente a uma forma de organização social distinta da burguesa, sem a propriedade privada, sem trabalho alienado e com homens livres e associados. Isso será possível a partir do momento em que os indivíduos passarem a produzir sua existência, sem ter sua essência negada, ou seja, numa sociedade comunista.

Na sociedade comunista apontada anteriormente por Marx, o indivíduo só tem sentido se compreendido na perspectiva do Ser social. Para ele

> **O indivíduo é o *Ser social*.** Sua manifestação de vida – mesmo que ela também não apareça na forma imediata de uma manifestação *comunitária* de vida, realizada simultaneamente com outros – é, por isso, uma extirpação e confirmação da *vida social*. A vida individual e a vida genérica do homem não são *diversas*, por mais que também – e isto necessariamente – o modo de existência da vida individual seja um modo mais *particular* ou mais *universal* da vida genérica, ou quanto mais a vida genérica seja uma vida individual mais *particular* ou *universal*. (Marx, 2004, p.107, grifo nosso)

Ao afirmar que o indivíduo é o Ser social, Marx deixa claro que esse indivíduo se confirma e se identifica na vida social, pois sua vida só é realizada com os outros. O Ser social possui uma singularidade que o distingue dos demais indivíduos. Essa singularidade é o que o identifica e estabelece as suas características próprias, não encontradas em nenhum outro indivíduo. A singularidade traz a marca da história pessoal de cada um, suas relações familiares, seus desejos, enfim, tudo aquilo que torna o indivíduo único. A singularidade desse indivíduo vincula-se a dos demais por meio das relações que ele estabelece tanto com a natureza quanto com a sociedade. A singularidade é um dos estados do Ser, pois ele também possui uma generalidade que o torna semelhante a qualquer outro. Essa generalidade diz respeito às características da espécie humana. A relação entre a diferença (singularidade) e a semelhança (generalidade) insere o indivíduo na natureza e na sociedade. Por isso, a singularidade e a generalidade devem ser compreendidas no seu movimento de negação recíproca. O singular nega o geral, mas está presente nele e, por outro lado, a generalidade estabelece a negação da singularidade, porém, só se realiza por meio dela. A negação recíproca entre a singularidade e a generalidade é a particularidade, pois ela é o movimento que relaciona o singular com o geral. Para Almeida (2001, p.71), "a particularidade estabelece a mediação entre o singular e o geral; ela é uma força negativa que gera o movimento responsável pela relação dos dois termos". Este movimento torna relativo tanto a generalidade como a singularidade, que devem ser compreendidas como processos que tendem à generalização e à singularização.

A singularidade, a generalidade e a particularidade formam uma totalidade que se expressa no Ser social. Dessa forma, ele só pode ser compreendido por meio dessas categorias.

Considerando essa totalidade, o ser não pode ser dividido, ao contrário do que acontece com o indivíduo burguês. O ser se expressa pela singularidade e o indivíduo burguês pela individualidade. Isso permite ao ser fazer superações, pois está inserido numa totalidade dialeticamente relacionado, tanto com a natureza quanto com a sociedade, ao passo que o indivíduo burguês está voltado para si mesmo e para suas necessidades individuais.

O Ser social caracterizado pela singularidade e pela generalidade é produto de uma sociedade formada por homens livres. Nesta sociedade de homens livres produzindo socialmente e ao mesmo tempo se autoproduzindo, não tem sentido existir uma escola com as características burguesas, pois o Ser social não precisa ser reproduzido como modelo de homem, como ocorre com o modelo de indivíduo burguês na escola atual.

Ao defendermos a tese de que é o indivíduo burguês que está em crise e que ela repercute na escola, caracterizaremos no próximo tópico o processo que culminou na constituição da escola burguesa e demonstraremos como essa crise se expressa nela.

3. A Crise do Indivíduo Burguês e suas Repercussões na Escola

A escola burguesa tem suas origens nas mudanças ocorridas na época moderna, como, por exemplo, o surgimento da manufatura e, posteriormente, da indústria, que romperam com a organização da Idade Média em que a agricultura e o campo eram o centro da vida e das relações sociais. A subordinação anteriormente existente da cidade e da indústria ao campo e à agricultura inverteu-se e a cidade e a indústria tornaram-se preponderantes. Nesse período, verificou-se, também, uma urbanização do campo, que passou a viver conforme as determinações da cidade e a dependência da agricultura em relação à indústria.

Na Idade Média, as relações eram naturais e de caráter estratificado e hereditário. A sociedade capitalista, por seu lado, substituiu o direito natural pelo contratual. Ideólogos da sociedade moderna, como Locke, por exemplo, defendem o chamado contrato social e a organização da sociedade segundo esse contrato, que surge de duas características fundamentais: a confiança e o consentimento. Para ele, os indivíduos de uma comunidade política consentem a uma administração a função de centralizar o poder público. Esse consentimento é dado e cabe ao governante retribuir essa delegação de poderes, garantindo os direitos individuais, a segurança jurídica e principalmente o direito à propriedade privada. Assim, a relação estado-indivíduo, que tem como base o consentimento e a confiança, é possível, pois se o governante quebra essa confiança, agindo por má-fé ou não garantindo os direitos individuais, a segurança jurídica e a propriedade privada, o povo se revolta e o destitui do cargo.

Da ideia do contrato social advém a noção de liberdade ligada à propriedade, conforme já apontado no primeiro capítulo. O servo camponês da época feudal estava preso à terra, devendo permanecer no feudo por toda a sua existência. Já o trabalhador, na sociedade capitalista, é livre. É livre porque desvinculado da terra e uma vez livre pode vender sua força de trabalho, que passa a ser propriedade da burguesia (Marx, 2006). A burguesia é, no início dos tempos modernos, a nova classe social, que a partir do comércio começa a ascender e a se consolidar como classe dominante.

O renascimento do comércio desde meados da Idade Média passou a exigir das pessoas, em especial dos comerciantes, uma série de conhecimentos que até então não eram necessários na sociedade basicamente rural. Com as letras de câmbio, a moeda, os negócios, era preciso saber ler e escrever. Da mesma forma, o crescimento da indústria, ligado ao desenvolvimento das ciências, fez crescer a demanda por conhecimentos. Para incorporar os conhecimentos científicos ao processo de produção foi necessária a generalização da escrita. Assim, pode-se observar que na época moderna fortaleceram-se o comércio, a cidade e a indústria, tornando a escola importante. Essa escola tinha como objetivo a transmissão dos novos saberes pautados nos fundamentos da sociedade burguesa.

Na medida em que a indústria se consolida e o modo de produção capitalista se afirma, acentua-se a divisão do trabalho. Ela é, como já foi dito anteriormente, a garantia de controle do produto e dos trabalhadores pela classe proprietária. Assim como divide o trabalho, a burguesia também divide o conhecimento, pois considera que para o exercício da atividade produtiva, o trabalhador precisa ter somente os conhecimentos mínimos que o capacitem para a tarefa a ele destinada. No processo de divisão do conhecimento, a classe proprietária não deixa de considerar os saberes que os trabalhadores até então detinham de sua experiência prática, pelo contrário, apropria-se deles. Nesse sentido, é sintomática a proposta de Taylor (1856 -1915), engenheiro prático da Filadélfia, do final do século XIX, que analisando os conhecimentos dos trabalhadores, elaborou o estudo de tempos e movimentos desapropriando-os do seu saber e, posteriormente, devolvendo-o de forma parcelada. O saber sistematizado relacionado ao sistema produtivo foi transformado em propriedade da classe dominante, como força produtiva, ao passo que o saber do trabalhador ficou parcelado e restrito às necessidades da sua profissão.

Ao apontarmos que a divisão do trabalho divide também o conhecimento e separa o trabalho manual do intelectual, afirmamos que esses processos resultam no controle da consciência do indivíduo. Um patrão inglês, do período inicial do capitalismo, apresenta a razão que fundamenta essa fragmentação, tanto do trabalho quanto do conhecimento, e suas aproximações com a ideia de controle. Segundo citação de Marglin (1989, p.50, grifo nosso):

> A verdade acaba saindo da boca dos próprios patrões. Um deles, numa época pouco posterior ao *putting-out system*[5], defende a especialização como o método de dominação: trata-se de Henry Ashworthn Jr., gerente de uma das empresas de algodão Ashworthn. No seu diário louva um concorrente por não permitir a empregado algum, nem mesmo a diretor, que misture o algodão; acrescenta que o seu diretor Henry Hargreaves nada sabe das misturas e do custo do algodão para que nunca possa espoliá-lo nos negócios; **cada supervisor tem uma tarefa separada da dos outros, e assim, ninguém, fora ele, sabe o que se faz exatamente no conjunto.**

O conhecimento de todo o processo de produção tornou-se prerrogativa da burguesia, pois no modo de produção capitalista, o conhecimento é uma força produtiva e se o trabalhador se apropria dessa força, ele passa a ser proprietário. Adam Smith recomendou, segundo Marx (2006, p.418), que o ensino popular fosse financiado pelo Estado, "embora em doses prudentemente homeopáticas". Desse modo, garantia-se que o saber difundido pela escola fosse apenas para o trabalhador poder operar a produção. Dito de outra maneira, a escola burguesa organizada para os filhos dos não

---

5. A indústria de tipo artesanal, onde o artesão era a um só tempo, o proprietário da oficina, dos instrumentos de trabalho e das matérias-primas, fora substituída em grande parte, no século XVI, pelo *sistema manufatureiro doméstico (putting-out system)* nos ramos industriais voltados para a exportação.

proprietários ensinava apenas os conhecimentos ligados ao exercício da profissão.

A escola burguesa é um poderoso canal de difusão e consolidação dos valores da burguesia, tais como o individualismo, o egoísmo, a competição e o sucesso. São esses valores que além de enaltecer o individualismo burguês fazem com que os filhos dos não proprietários que frequentam essa escola tornem-se alheios a ela. Essa constatação fica evidente nos apontamentos de (Snyders, 2005, p.85) quando afirma que "o universo escolar parece estranho e alheio aos filhos dos operários porque repete, reforça, prolonga e valoriza as condições de existência da família burguesa". É dessa forma que os preceitos que formam o indivíduo burguês são incorporados por quem nela estuda. Isso ocorre com a adoção de um currículo que enfatiza apenas os elementos da vida burguesa, tais como consumo, propriedade e a família, entre outros, e por isto está sujeito a críticas pelos usuários que não se reconhecem na escola. Porém, dependem dela para se inserirem no mercado de trabalho que está constantemente mudando e no qual a **competição** por postos de trabalho é acirrada. Mesmo não concordando com essa escola, são compelidos a frequentá-la, pois dependem dela para receber um certificado que os habilite a entrar no mercado de trabalho. As alternativas para os não proprietários na sociedade burguesa são restritas. Assim, pode-se entender a universalização do ensino como uma forma de garantir a difusão e a incorporação do ideário burguês por toda a sociedade.

Dessa forma, a escola é um importante elo entre a sociedade e o setor produtivo, pois para assegurar a consecução dos interesses burgueses é necessário garantir a reprodução e manutenção do capital. Assim, sempre que há alguma mudança no setor produtivo, quando o capital entra em crise e se reestrutura, a escola passa por adequações em seu currículo para melhor atender as novas exigências do capitalismo.

Dessa forma, quando o fordismo era o modelo predominante de organização do trabalho, a escola era tecnicista e tinha um currículo voltado para a formação do especialista. Hoje, diante da reestruturação porque passa parte do setor produtivo, exige-se um trabalhador mais flexível e novamente a escola é ajustada ao modo de produção capitalista para formar esse trabalhador, mantendo-se assim a estrutura do capitalismo.

Para ajustar a escola ao modelo produtivo os reformistas atuais propõem, não por acaso, mudanças no currículo, pois é por ele que se difunde o modo de pensar burguês. O currículo da escola brasileira atual, por exemplo, é considerado pelos técnicos do MEC, atrasado em relação a outras nações ou em desacordo com o que está acontecendo no mercado de trabalho. A esse respeito, os Parâmetros Curriculares Nacionais do Ensino Médio afirmam que

> O Brasil, como os demais países da América Latina, está empenhado em **promover reformas na área educacional** que permitam superar o quadro de extrema desvantagem em relação aos índices de escolarização e de nível de conhecimento que apresentam os países desenvolvidos. [...] Pensar **um novo currículo para o Ensino** Médio coloca em presença estes dois fatores: as mudanças estruturais que decorrem da chamada 'revolução do conhecimento', **alterando o modo de organização do trabalho e as relações sociais** [...]. (Brasil, 1999, p. 15-16, grifo nosso)

As mudanças aqui apontadas se limitam ao conhecimento escolar ajustando o trabalhador ao modo como o trabalho está organizado. Assim, quando a escola altera o currículo e passa a ensinar as competências e as habilidades, está atendendo às exigências da parte mais desenvolvida do setor produtivo, que tem o toyotismo como modelo atual de organização do trabalho. Ressalta-se que o conceito de competência não tem sua origem na educação, mas sim, na organização do trabalho na fábrica, especialmente com a crise do fordismo e o surgimento do toyotismo. Hirata (2003, p.132-133, grifo nosso) capta o momento dessas mudanças afirmando que,

> **A competência é uma noção oriunda do discurso empresarial** nos últimos dez anos e retomada em seguida por economistas e sociólogos na França [...] o modelo da competência corresponderia a um novo modelo, pós-taylorista, de qualificação no estágio de adoção de um novo modelo, pós-taylorista, de organização do trabalho e de gestão da produção. **Sua gênese estaria associada à crise da noção de postos de trabalho, e a de um certo modelo de classificação e de relações profissionais.** A adoção do modelo da competência implica um compromisso pós-taylorista, sendo difícil de pôr em prática se não se verificam soluções (negociadas) a toda uma série de problemas, sobretudo o de um desenvolvimento não remunerado das competências dos trabalhadores na base da hierarquia, trabalhadores estes levados no novo modelo de organização do trabalho a uma participação na gestão da produção, a um trabalho em equipe e a um envolvimento maior nas estratégias de competitividade da empresa, sem ter necessariamente uma compensação em termos salariais.

Assim, a remuneração fordista se dava pelo posto de trabalho, pois se tratava de um trabalhador com habilidades específicas. Essa concepção entra em crise, pois a organização do trabalho, na perspectiva fordista, não atendia mais às necessidades de reprodução do capital na velocidade requerida por este modo de produção. Em seu lugar, adota-se aos poucos um modelo mais flexível, por meio do qual se requer alguém que saiba fazer várias operações, sem um posto determinado para trabalhar. O perfil profissional exigido nas empresas passa a ser o polivalente, com atuação em equipe, capacidade de tomar iniciativas, sem horário fixo, enfim, flexível. Para formar esse novo trabalhador é necessário reformar a escola.

A concepção de reforma apontada no segundo capítulo atende sempre aos interesses da reprodução e expansão do capital e do indivíduo burguês, **autocentrado, egoísta e competidor**. Por isso, mudar a disposição dos alunos na sala de aula, o modo de ministrar as aulas e a escolha dos tópicos a serem ensinados, mantendo, no entanto, os preceitos que constituem o indivíduo burguês, implica reafirmar os princípios do individualismo e exacerbar **a luta de todos contra todos**. Na escola, as atividades em grupo acabam por estimular o individualismo, pois não se travam discussões para melhor sintetizar o conhecimento. O que geralmente acontece é que cada aluno estuda um subitem e posteriormente o junta aos demais ou como ocorre em muitos casos, um aluno reúne os dados em um texto e o apresenta em nome de todos os membros do grupo. Em outros termos, as carteiras escolares conjugadas e fixas podem até ser substituídas por outra individual e móvel e as fileiras se transformarem em círculos. Porém, a permanência do modo de pensar burguês mantém os princípios que regem esta sociedade, culminando sempre em uma nova reforma.

O processo de uma reforma educacional é normalmente lento e em função disso, a escola é apontada como uma instituição constantemente em crise. Quando as mudanças propostas começam a produzir os efeitos esperados, são necessárias outras alterações e novamente a escola é apontada como uma instituição em crise e alguns teóricos aparecem com mais uma reforma ajustando o currículo com o discurso da superação da crise.

Do ponto de vista deste estudo, o que ocorreu nas crises[6] pelas quais o capitalismo passou e ainda passa, foram ajustes necessários à reprodução deste modo de produção. Durante esses processos de ajustes e adaptações, o indivíduo burguês continuou intocado. Não se trata, portanto, de uma crise isolada, que tenha sua origem na escola, como querem fazer crer seus reformadores. Considerar que a reforma do currículo implica a reforma da escola com vistas à empregabilidade é reafirmar que a escola dos filhos dos não proprietários assemelha-se a uma agência formadora de mão de obra para que os proprietários possam explorá-la. Trata-se na verdade da formação da mão de obra excedente, contingente que **vive da mão à boca,** conforme pensamento de Locke citado por Macpherson (1979).

Se o epicentro da crise fosse de fato a escola, uma reforma conforme propõem alguns teóricos, como por exemplo, Delors (2006), Perrenoud (2005) e Gadotti (1998b), seria o suficiente para tirá-la da referida crise. No caso brasileiro, a escola passou por inúmeras reformas, como por exemplo, a de Francisco Campos (1931), a de Gustavo Capanema (1942), a LDB de 1961, a LDB 5.692/71 proposta pelo Governo Militar e as Diretrizes e Bases da Educação Nacional implementadas na década de 1990 e ainda continua em crise. Isso nos permite afirmar que o que existe é uma crise do indivíduo burguês, que repercute na sociedade, no Estado e em instituições como a escola.

---

6. Pode-se citar algumas, como por exemplo, a Grande Depressão (1873-1895) com o craque da bolsa de Viena e seguidas falências bancárias na Áustria e Alemanha; a crise dos anos 1920-1930, período onde houve o boom do imediato pós-guerra, a crise de adaptação industrial de 1921, o período de prosperidade, a crise de 1929 e seus desdobramentos nos anos 1930 e a crise de 1973 que ainda repercute. A esse respeito, conferir em Beaud (2004)

A reforma pode passar pelo Estado e suas instituições, mas suas estruturas permanecem intactas, assim como o modo de pensar burguês.

O Estado mantém a propriedade privada e esta, as condições materiais de existência do indivíduo burguês. Como burguês, ele é proprietário, mas na sociedade em que ele exerce a hegemonia, nem todos podem sê-lo, pois isso levaria à igualdade de fato, deixando de ser apenas um direito. Uma sociedade de iguais pode superar as outras características do indivíduo burguês, como o **individualismo**, o **egoísmo** e a **autossuficiência**. Para que isso não ocorra, o Estado que é fundado nos princípios contratualistas mantém a desigualdade social reprimindo a todos aqueles que propuserem a inversão da lógica que rege esta sociedade. Por isto, ao Estado cabe a manutenção da propriedade privada e com ela, a ilusão de que um dia todos serão proprietários. Essa ideia leva os indivíduos a se comportarem como burgueses, sem, no entanto, serem proprietários. Eles apenas possuem na sua mente a expectativa de que um dia isso venha a ocorrer, pois já incorporaram a ideia de que só dependerá do **seu** empenho, do **seu** talento e do **seu** trabalho. Portanto, como já foi dito, é atribuída ao indivíduo a responsabilidade pelo **seu** sucesso ou pelo **seu** fracasso. Dessa forma, a classe social dominante mantém dominadas as demais classes oferecendo aos seus membros, a possibilidade de se tornarem também proprietários.

Posto isto, fica claro que, para o burguês, tudo pode ser reformado, exceto os fundamentos que justificam a sua dominação sobre o proletariado. Assim, reformar a escola conforme proposto pelos autores anteriormente citados é incorrer no insucesso, pois as causas continuam intocadas. Esses autores que discutem a crise da escola não levam em conta a crise do indivíduo burguês, pois para eles a crise está apenas na escola. Por essa razão, suas propostas limitam-se apenas aos ajustes e às adequações da escola ao modo de produção em vigor.

Quando existe um problema, cujo epicentro está localizado em uma unidade escolar ou mesmo em um campus Universitário, os seus responsáveis atribuem ao indivíduo tanto a causa quanto uma possível solução. Na impossibilidade de acontecer a segunda, julgam tratar-se de falta de competência técnica, de gerenciamento. Assim, tratado de forma isolada, como se fosse possível separar aquela unidade do sistema de ensino, o problema fica restrito ao indivíduo, cuja solução a médio e longo prazo se dá por meio dos cursos de formação continuada para gestores, tanto para aqueles que atuam na educação básica quanto na superior. A esse respeito, os países que são signatários do Relatório da Unesco cumprem a função que lhes foi dada como reprodutores da escola burguesa. Delors (2006, p.163, grifo nosso) enfatiza que

> Um **bom administrador**, capaz de organizar um trabalho de equipe eficaz e tido como **competente** e aberto consegue, muitas vezes, introduzir no seu estabelecimento de ensino grandes melhorias. É preciso pois, que fazer com que a **direção das escolas seja confiada a profissionais qualificados**, portadores de formação específica, **sobretudo em matéria de gestão**. Esta qualificação deve conferir aos **gestores** um poder de decisão acrescido e gratificações que compensem o bom exercício das suas delicadas responsabilidades.

Para ajustar a escola ao modo de produção e possivelmente tirá-la da crise, a burguesia recorre ao modelo de organização das empresas, onde o capitalismo triunfa. Para ela, a escola funciona como uma empresa. Por isto, para dirigir a escola não será mais necessário que o profissional tenha a formação pedagógica, ele deverá ser um gestor, um administrador. Como ele não é um profissional da educação, seu salário será diferenciado, pois só assim esses profissionais com experiências em gestão, atuarão na escola, na qual sabidamente os salários não são atrativos.

Essa forma de compreender as relações administrativas reforça a ideia de que a burguesia enquanto classe social dominante, precisa de indivíduos dispostos a manter a atual estrutura e que na ocorrência de alguma falha, serão responsabilizados por ela. Essa referida classe social concebe a sociedade como um conjunto de engrenagens e quando há falhas, troca-se a peça para continuar girando. Assim, **indivíduos que não funcionam** são descartados. Em uma sociedade mercantilizada como a burguesa, os cursos para treinamento de competências tornaram-se oportunidade de mais um negócio, pois os indivíduos estão sempre dispostos a **comprar mais um kit competência** para não perderem a sua função na engrenagem e posteriormente tornarem-se proprietários.

O bom administrador, na concepção burguesa, é aquele indivíduo que consegue resolver todos os problemas, pois deve estar preparado para identificar as tensões e criar consensos, distinguir o que é desejável do que é viável, evitando modismos ou mesmo rupturas. Quando não há manifestações que indiquem a existência de problemas, significa que as peças da engrenagem estão funcionando muito bem. É a certeza de que o processo de dominação está eficiente e que, desse modo, os meios que difundiram os valores que caracterizam o indivíduo burguês cumpriram o seu papel.

Por isso, tanto a escola quanto o Estado e o próprio modo de produção capitalista precisam ser destruídos e não reformados. É nesse sentido que Mészáros (2005, p. 26-27) afirma que

A razão para o fracasso de todos os esforços anteriores, e que se destinavam a instituir grandes mudanças na sociedade por meio de reformas lúcidas, reconciliadas com o ponto de vista do capital, consistia – e ainda consiste – no fato de as determinações fundamentais do sistema do capital serem *irreformáveis*. [...] o capital é irreformável porque por sua própria natureza, como totalidade reguladora sistêmica, é totalmente incorrigível. [...] é por isso que é necessário romper com a lógica do capital se quisermos contemplar a criação de uma alternativa educacional significativamente diferente.

Choque de gestão, democratização da escola, participação da comunidade, protagonismo juvenil, reforma do Estado, são algumas propostas permitidas pela burguesia por expressarem ajustes que não produzem. Essas mudanças são admissíveis com o objetivo de **corrigir** algum detalhe defeituoso do modo de produção capitalista mantendo intactas as estruturas fundamentais da sociedade como um todo, em conformidade com as exigências inalteráveis da lógica do capital. Assim, ao adotar o expediente reformista, seus proponentes estão defendendo a manutenção do capitalismo e postulando uma mudança gradual na sociedade. Porém, o objetivo real do reformismo é fazer os ajustes ao modo de produção e impedir o desenvolvimento de processos revolucionários e assim, impedir uma possível superação desse modo de produção.

Procurou-se demonstrar, neste capítulo, que a crise da escola apontada por autores contemporâneos é na realidade uma falsa questão. No entendimento deste estudo a crise da escola decorre de múltiplas causas, sendo que algumas são internas a instituição escolar e outras próprias da crise do indivíduo burguês que se refletem no seu interior. Por isso, as soluções propostas para **tirar a escola da crise** transformam-se em paliativos para a solução de problemas que não se circunscrevem a ela, pois a crise da escola tem sido sistematicamente usada para resolver as crises do capitalismo e se adequar às necessidades do setor produtivo. Quando as tentativas de reformar a escola não surtem o efeito desejado, diz-se que a escola está em crise e que é preciso mudá-la. Como o que está em crise é o indivíduo burguês, as reformas propostas no currículo têm resultado em novas crises, que acabam por identificar a escola como uma instituição permanentemente em crise.

Considerações finais

Ao analisar a crise da escola, procurou-se evidenciar suas relações com a concepção burguesa de indivíduo e a crise do indivíduo burguês, forjadas a partir da ascensão da burguesia. Essa classe terá no *gentleman* o modelo de indivíduo a ser seguido pelos demais segmentos sociais. Este estudo identificou na obra de Hobbes e Locke os fundamentos que constituem o indivíduo burguês que renuncia a sua liberdade e a sua autonomia e se torna súdito do soberano que em seu nome governa o destino de todos. Ao abrir mão de sua liberdade e autonomia, o indivíduo burguês preserva sua vida e sua propriedade, pois ele é alguém **preocupado consigo mesmo, autocentrado, egoísta, individualista e competidor**. Esse modelo é passado para toda a sociedade, mas somente os proprietários conseguem chegar a esse ideal.

Essa concepção de indivíduo atribui ao talento e ao mérito a possibilidade de ascensão e desenvolvimento pessoal, mas ao mesmo tempo responsabiliza-o pelo **seu** sucesso ou o **seu** fracasso. Dessa constatação, o indivíduo que foi ensinado a pensar e a agir como burguês, independente de sua condição social, volta-se para si mesmo em busca da conquista da propriedade, conforme o que é difundido pelo modo de produção capitalista. No entanto, isso não está disponível para todos e aqueles que não conseguem vão se frustrando e passam a culpar-se pelo seu fracasso. Trata-se da individualização da culpa. Para que o descontentamento dos não proprietários não leve a rupturas profundas no sistema cria-se a ideia de que é possível a participação de todos na luta por seus direitos e pela igualdade. A liberdade e a autonomia retiradas do indivíduo na constituição das monarquias são lhes devolvidas nas revoluções burguesas. Porém, limitadas pela participação que é dada a priori por meio da cidadania.

Numa sociedade que tem como modelo um indivíduo que a maioria das pessoas não consegue ser, a escola torna-se o meio mais importante para a sua difusão. Nesse sentido, a escola passa por constantes reformas, para poder atender às demandas do setor produtivo e formar a mão de obra, conforme as exigências do capital. Como a escola não tem dado conta de atender aquelas demandas, busca-se uma explicação na crise da escola. Para os teóricos que estudam essa crise, ela está no currículo. Portanto, basta modificar o currículo substituindo os conhecimentos pelas competências e discutindo cidadania para que a crise acabe. No entanto, essas propostas nada mais são do que ajustes para atender ao modelo em vigor. Como são paliativas, essas reformas não resolvem a crise da escola.

Em síntese, nosso estudo conclui que o indivíduo burguês já nasceu em crise na medida em que a utopia burguesa da autonomia e da liberdade não pode realizar-se numa sociedade dividida entre proprietários e não proprietários, ou seja, numa sociedade de classes. Assim, evidencia-se esta crise que não é da singularidade do indivíduo, mas sim da concepção de indivíduo em curso, a burguesa. O indivíduo em crise está dividido, cindido pela divisão do trabalho que separou o pensar do fazer, pela possibilidade de tornar-se proprietário e a frustração de não conseguir. Enfim, está cindido também por ser responsabilizado pelo seu próprio fracasso. Ele é o indivíduo que busca seguir um modelo preconcebido e que não vê a possibilidade de alcançá-lo, embora continue desejando.

Como a escola burguesa é uma das instituições responsáveis por difundir o indivíduo burguês como modelo ideal de ser humano, a crise do indivíduo também se instala nela. Assim, a chamada crise da escola configura-se a partir da crise do indivíduo burguês articulada àquelas decorrentes do seu modelo de organização e funcionamento.

Referências

AGOSTINHO, Santo. **O Livre Arbítrio**. 2. ed. Braga, Portugal: faculdade de filosofia, 1990.

ALMEIDA, José Luís Vieira de. **Tá na rua: Representações da Prática dos Educadores de Rua**. São Paulo: Xamã, 2001.

ALVES, Giovanni. **O Novo e (Precário) Mundo do Trabalho:** reestruturação produtiva e crise do sindicalismo. São Paulo: Boitempo Editorial, 2005.

ALVES, Rubem. **Por uma educação romântica**. Campinas, SP: Papirus, 2002.

ARROYO, Miguel. As relações sociais na escola e a formação do trabalhador. In: FERRETI, Celso João. et. al. **Trabalho, formação e currículo** – para onde vai a escola? São Paulo: Xamã, 1999, p. 13-41.

BEAUD, Michel. **História do capitalismo:** de 1500 aos nossos dias. 4. ed. São Paulo: editora brasiliense, 2004.

BOBBIO, Norberto. **Teoria geral da política:** a filosofia e as lições dos clássicos. 20. reimpressão. Rio de Janeiro: Elsevier, 2000.

BRASIL. Secretaria de Educação Média e Tecnológica. **Parâmetros Curriculares Nacionais: Ensino Médio**. Brasília-DF: MEC/SEMTEC, 1999.

BRAVERMAN, Harry. **Trabalho e capital monopolista**. 3. ed. Rio de Janeiro: LTC, 1987.

BURDEAU, Georges. **O Liberalismo**. Rio de Janeiro: Imago ed. 1979.

CHARTIER, Roger. **História da vida privada,** Vol. 3: da renascença ao século das luzes. São Paulo: Companhia das letras, 2009.

DELORS, Jacques; et al. **Educação:** um tesouro a descobrir. Relatório para a UNESCO da Comissão Internacional sobre Educação para o século XXI. 6. ed. São Paulo: Cortez; Brasília, DF: MEC: UNESCO, 2006.

FINI, Maria Inês. SÃO PAULO: **Proposta curricular do Estado de São Paulo**: história. São Paulo: SEE, 2008

GADOTTI, Moacir. **Educação é o maior entrave do desenvolvimento brasileiro**. [Fev. 2010]. Entrevistadores: Bárbara Mengardo, Hamilton Octavio de Souza e Tatiana Merlino. **Caros Amigos**: Editora Casa Amarela, São Paulo, p.12-16, fevereiro de 2010.

_____. **Concepção dialética da educação:** um estudo introdutório. 13. ed. São Paulo: Cortez, 2003.

GADOTTI, Moacir; Romão, José Eustáquio. Escola Cidadã: a hora da sociedade. In: **Salto para o futuro**: construindo a escola cidadã, projeto político pedagógico. Secretaria de Educação a Distancia. Brasília: Ministério da Educação e do Desporto, SEED, 1998a, p. 23-30.

_____.Projeto Político Pedagógico da Escola Cidadã. In: **Salto para o futuro**: construindo a escola cidadã, projeto político pedagógico. Secretaria de Educação a Distancia. Brasília: Ministério da Educação e do Desporto, SEED, 1998b, p.15-22.

INSTITUTO EUVALDO LODI (IEL). **Relatório de atividades**. Rio de Janeiro: IEL, 1992.

_____. **Plano Estratégico IEL Nacional (biênio 1995-1996)**. Rio de Janeiro: IEL, 1994.

HIRATA, Helena. Da polarização das qualificações ao modelo da competência. In: FERRETI, Celso João; et al. **Novas tecnologias, trabalho e educação:** um debate multidisciplinar. 9. ed. Petrópolis: ed. Vozes, 2003.

HISTÓRIA DO PENSAMENTO, v.2, São Paulo: Editora Nova Cultural Ltda, 1987.

HOBBES, Thomas. **Leviatã ou Matéria, Forma e poder de um estado eclesiástico e civil**. São Paulo: Nova Cultural, 1988. Col. Os Pensadores.

_____. **Do Cidadão**. São Paulo: Martin Claret, 2004.

HUBERMAN, Leo. **História da riqueza do homem**. Rio de Janeiro: Editora Guanabara, 1986.

JACOMELI, Mara Regina Martins. **Dos Estudos Sociais aos Temas Transversais:** uma abordagem histórica dos fundamentos teóricos das políticas brasileiras (1971-2000). 2004. 195 f. Tese (Doutorado em Educação) - Universidade Estadual de Campinas,Faculdade de Educação, Campinas.

KANT, Immanuel. **Fundamentação da Metafísica dos Costumes e outros escritos**. São Paulo: Martins Claret., 2003.

LESSA, Sérgio. **Mundo dos Homens:** trabalho e ser social. São Paulo: Boitempo, 2002.

LOCKE, Jhon. **Pensamientos sobre la educacion**. Madrid, España: Ediciones Akal, S. A., 1986.

_____. **Ensaio Acerca do Entendimento Humano.** São Paulo: Nova Cultural, 1988. Col. Os Pensadores.

_____. **Dois Tratados sobre o Governo.** São Paulo: Martins fontes, 2001.

LUTERO, Martin. In: **História do pensamento.** São Paulo: Nova Cultural, 1987.

MACHADO, José Pedro (2003), **Dicionário Etimológico da Língua Portuguesa,** 5. ed. Lisboa, Portugal: Livros Horizonte, 5 vols.

MACPHERSON, C.B. **A teoria do indivíduo possessivo de Hobbes até Locke.** Rio de Janeiro: Ed. Paz e Terra, 1979.

MARGLIN, Sthephen. Origem e funções do parcelamento das tarefas (para que servem os patrões?). In: GORZ, André (org.) **Crítica da divisão do trabalho.** São Paulo: Martins Fontes, 1989, p.193-209.

MARX, Karl. **Manuscritos econômicos** – filosóficos. São Paulo: Boitempo editorial, 2004.

_____. **O Capital:** Crítica da economia ao capital. Livro I, volume 1: O processo de produção do capital. Rio de Janeiro: Civilização brasileira, 2006.

MARX, Karl; ENGELS, Friedrich. **A ideologia alemã.** 5. ed. São Paulo: Hucitec, 1986.

_____. A Ideologia Alemã. São Paulo: Boitempo editorial, 2007.

MÉSZÁROS, Istvan. **A educação para além do capital.** São Paulo: Boitempo, 2005.

MORAES, Maria Célia M. de. (org.) **Recuo da teoria**. In: **Iluminismo às avessas:** produção de conhecimento e políticas de formação docente. Rio de Janeiro: DP&A, 2003, p. 151-167

ODALIA, Nilo. Liberdade como meta coletiva. In: PINSKY, Jaime; PINSKY, Carla Bassanezi (orgs.). **História da cidadania**.. São Paulo: Contexto, 2006, p.160-169.

OLIVEIRA, Eurenice. **Toyotismo no Brasil:** desencantamento da fábrica, envolvimento e resistência. São Paulo: expressão popular, 2004.

PEREIRA, Valmir. **A concepção de indivíduo nos parâmetros curriculares nacionais do ensino médio.** 2007. 126 f. Dissertação (Mestrado em Educação) – Universidade Estadual Paulista - UNESP, Araraquara.

PERRENOUD, Philippe. **Construir as competências desde a escola**. Porto Alegre: ARTMED ed. S.A. 1999.

_____. **Escola e democracia:** O papel da escola na formação para a democracia. Porto Alegre: ARTMED editora S.A. 2005.

POCHMANN, Marcio. **O emprego na globalização:** a nova divisão internacional do trabalho e os caminhos que o Brasil escolheu. São Paulo: Boitempo Editorial, 2005.

PONCE, Aníbal. **Educação e Luta de Classes.** 21. ed. São Paulo: Cortez, 2005.

ROSSI, Jones. **Outra educação é possível**. Disponível em: <http://www.educacional.com.br/reportagens/forummundial2004/default.asp>. Acesso em: 13 de novembro de 2010.

SAVIANI, Dermeval. **Escola e democracia:** teorias da educação, curvatura da vara, onze teses sobre educação e política. São Paulo: Cortez: Autores Associados, 1987.

_____. **Pedagogia histórico-crítica:** primeiras aproximações. Campinas: Autores Associados, 1991.

SILVA FILHO, Horácio Penteado de Faria e. O empresariado e a educação. In: FERRETI, Celso João; et al. **Novas tecnologias, trabalho e educação**: um debate multidisciplinar. 9. ed. Petrópolis: ed. Vozes, 2003, p. 87-92.

SILVA, Helio Alexandre da. **Das Paixões Humanas em Thomas Hobbes:** entre a ciência e a moral, o medo e a esperança. 2009. 105 f. Dissertação (Mestrado em Filosofia) - Universidade Estadual Paulista, Julio de Mesquita Filho, Marília.

SNYDERS, Georges. **Escola, Classe e Luta de Classes.** São Paulo: Centauro, 2005.

TONET, Ivo. **Educação contra o capital.** Maceió: Edufal, 2007.

Título	O Indivíduo Burguês e a Crise da Escola
Autor	Valmir Pereira
Coordenação Editorial	Kátia Ayache
Assistência Editorial	Marina Vaz
Capa e Projeto Gráfico	Renato Arantes Santana de Carvalho
Preparação e Revisão	Vinicius Whitehead Merli
Formato	14 x 21 cm
Número de Páginas	128
Tipografia	Adobe Caslon Pro
Papel	Alta Alvura Alcalino 75g/m²
Impressão	Psi7
1ª Edição	Dezembro de 2013

Caro Leitor,

Esperamos que esta obra tenha correspondido às suas expectativas.

Compartilhe conosco suas dúvidas e sugestões escrevendo para:

autor@pacoeditorial.com.br

Compre outros títulos em
WWW.LIVRARIADAPACO.COM.BR

PACO EDITORIAL

Av Carlos Salles Block, 658
Ed. Altos do Anhangabaú 2 Andar, Sala 21
Anhangabaú - Jundiaí-SP - 13208-100
11 4521-6315 | 2449-0740
contato@editorialpaco.com.br